本书得到以下项目支持：
国家特色蔬菜产业技术体系产业经济研究室（CARS-24-08B）
河北省蔬菜产业技术体系产业经济岗（HBCT2018030301）
河北省蔬菜产业人才培养与创新团队
河北农业大学现代农业发展研究中心
河北新型智库：河北省三农问题研究中心

国家特色蔬菜产业技术体系产业经济系列丛书

中国大蒜产业发展研究报告（2017）

ZHONGGUO DASUAN CHANYE FAZHAN YANJIU BAOGAO(2017)

赵帮宏 宗义湘 杨宾宾 杨 峰 任艳云 等◎编著

经济管理出版社
ECONOMY & MANAGEMENT PUBLISHING HOUSE

图书在版编目（CIP）数据

中国大蒜产业发展研究报告．2017/赵帮宏等编著．—北京：经济管理出版社，2018.9
ISBN 978－7－5096－6032－4

Ⅰ．①中…　Ⅱ．①赵…　Ⅲ．①大蒜—产业发展—研究报告—中国—2017　Ⅳ．①F326.12

中国版本图书馆 CIP 数据核字（2018）第 215029 号

组稿编辑：曹　靖
责任编辑：张巧梅　王　洋
责任印制：司东翔
责任校对：董杉珊

出版发行：经济管理出版社
（北京市海淀区北蜂窝 8 号中雅大厦 A 座 11 层 100038）
网　　址：www. E－mp. com. cn
电　　话：（010）51915602
印　　刷：三河市延风印装有限公司
经　　销：新华书店
开　　本：787mm×1092mm/16
印　　张：6.75
字　　数：149 千字
版　　次：2018 年 12 月第 1 版　　2018 年 12 月第 1 次印刷
书　　号：ISBN 978－7－5096－6032－4
定　　价：68.00 元

报告撰稿人

赵帮宏　宗义湘　杨宾宾　杨　峰　任艳云
徐　坤　王俊芹　王　哲　乔立娟　张　亮
樊继德　张龙平　王丽丽　孟　奇　苑甜甜
宋　焕　连恒博　孙　健

前 言

本研究来源于国家特色蔬菜产业技术体系（CARS－24）项目。报告首次对我国大蒜产业的生产规模、生产布局、贸易规模、贸易格局进行了系统梳理，对大蒜产业发展的基础性、历史性数据进行了全面整理追踪，利用现有的可利用数据资料、案例资料进行了系统分析研究，并整理了重要的农业产业化龙头企业、知名品牌、代表性基地、批发市场及重要的大蒜新闻报道。报告还包括大蒜生产加工的技术进展、成本收益分析、大蒜价格波动规律分析和大蒜产业发展趋势的分析判断。

报告中世界大蒜的生产与贸易数据来自联合国粮食及农业组织（FAO）数据库、联合国商品贸易统计数据库（UN Comtrade），中国大蒜国际贸易数据来源于《中国海关统计年鉴》（2007～2016 年）和海关信息网（http：//www. haiguan. info），市场价格数据来源于《中国农产品价格调查年鉴》以及农产品价格信息网（http：//www. 3w3n. com）。由于大蒜统计信息缺乏，国内产业数据主要来自国家特色蔬菜产业技术体系大蒜相关岗位科学家、综合试验站站长及基地负责人的问卷调查和产业调研。

本报告是在国家特色蔬菜产业技术体系首席科学家、中国工程院院士、湖南省农业科学院院长邹学校研究员和国家大宗蔬菜产业技术体系首席科学家、中国农业科学院蔬菜花卉研究所杜永臣研究员的直接指导下，由国家特色蔬菜产业技术体系产业经济研究室赵帮宏教授、宗义湘教授、杨宾宾博士与大蒜品种改良岗位科学家杨峰研究员、济宁综合试验站站长任艳云研究员、生姜品种改良岗位科学家徐坤教授合作完成的。报告得到了辛辣类蔬菜种质资源岗位科学家李锡香研究员、栽培生理岗位科学家周艳虹教授、土肥水管理岗位科学家武占会研究员、产地环境综合质量岗位科学家贺超兴研究员、虫害防控岗位科学家张友军研究员、病害防控岗位科学家魏利辉教授、综合防控岗位科学家罗晨研究员、生产机械化岗位科学家侯加林教授、质量安全与影响品质评价岗位科学家钱永忠研究员等专家学者的大力支持，以及大蒜主产区综合试验站、加工流通企业、合作社、生产基地相关负责人员的协助与支持。

国家特色蔬菜产业技术体系产业经济研究室

2018 年 6 月于保定

目 录

第一章 引言

一、研究的背景意义

我国既是大蒜生产大国，又是大蒜消费大国、出口大国，大蒜产量、规模和种植面积均居世界第一。从国际市场来看，2016 年我国大蒜出口占世界大蒜出口贸易量的 80% 左右，出口市场遍及日本、韩国、东南亚及北美、欧盟等国家和地区。从国内市场来看，2017 年大蒜在我国鲜冷冻蔬菜和干蔬菜中出口量及出口额均居第一位，随着蔬菜出现供大于求现象，大蒜等特色蔬菜反而走俏，销量上涨。

然而，近年来“蒜你狠”“蒜你贱”的大蒜价格剧烈波动引起社会广泛关注。2004～2017 年，国内市场蒜头批发价格 2008 年 6 月最低，为 1.38 元/千克；2017 年 1 月最高，为 14.61 元/千克。2009～2010 年、2016～2017 年交替出现了“蒜你狠”“蒜你贱”现象，根据相关报道，有的炒蒜商一夜暴富，有的瞬间一贫如洗。大蒜价格的巨大波动对蒜农、经销商、加工企业的正常经营造成极大的影响。中国大蒜在国际市场上占有绝对领先地位，以中国大蒜为代表的小品种农产品价格的频繁波动不仅对国内市场造成了巨大影响，也严重影响了海外市场的拓展。大蒜产业现代化程度仍处于较低层次，产业发展的科技支撑仍然比较薄弱，生产的规模化、标准化、品牌化、信息化程度低，高品质多功能食品研发不能满足多元化的市场需求。

在农业供给侧结构性改革和“一带一路”倡议背景下，大蒜深加工增值潜力大、市场开发前景广、产品层次多样化，将成为农业供给侧结构性改革的蔬菜主导产业之一。大蒜产业作为我国具有较强国际竞争力和出口贸易能力的产业，将在乡村振兴战略、培育农村发展新动能、促进产业兴旺、农业增效、农民增收等方面发挥重要的作用。

二、国内外研究动态

（一）大蒜生产方面

关于大蒜生产，学者主要围绕大蒜品种和育种、生产机械等方面展开研究。

1. 大蒜品种和育种

大蒜品种资源较为丰富，但栽培品种无法开展常规杂交育种，难以进行大蒜种质创新及新品种选育，而化学诱变育种能使大蒜产生多倍体，从而获得变异和改良品种。因此，多倍体育种作为大蒜种质创新及新品种选育的有效手段日益受到人们的重视。秋水仙素是常用的诱导染色体加倍的化学诱变剂，在许多作物上诱变获得了四倍体。

大蒜四倍体诱导研究中，秋水仙素诱变研究较多，其中，张素芝等用秋水仙素处理大蒜气生鳞茎。薛小艳等用秋水仙素溶液注射大蒜花苞，诱导出了包含嵌合体和四倍体的植株，但取材时期受到较大制约。周香君等用秋水仙素和二甲戊乐灵处理大蒜茎盘愈伤组织诱导染色体加倍，结果表明愈伤组织四倍体的诱导率较低，分别为4%和6%。可见，秋水仙素和二甲戊乐灵诱变大蒜愈伤组织四倍体的效果不同。

2. 大蒜生产机械化

杨柯（2015）以大蒜切须机为研究对象，将联合收获技术与大蒜机械化切除根须技术相结合，考察切割线速度、切须长度对新鲜大蒜蒜须分离的影响，通过试验研究确定有效切须线速度与有效切须长度值，并以此为依据，寻求大蒜切须试验台较优工作参数组合，以期为切须技术的研究提供依据和参考。付皓（2016）指出我国在大蒜收获机械方面的研究和批量投产相对较少，仅有联合式大蒜收获机械和分段式大蒜收获机械两种。大蒜机械收获属于系统性的工程，需要各个学科进行互动，从作业参数、品种选育与农艺规范等方面进行全方面考虑，进而提高收获效果。

（二）大蒜加工方面

学者集中在大蒜加工废水处理方面的研究较多，例如，赵大传等（2009）对厌氧折流板反应器、曝气生物滤池组合工艺处理大蒜废水的效果进行了研究，结果表明该方法的系统总去除率保持在98.4%～98.7%，处理效果稳定，出水水质满足排放标准。郭德广（2013）对公司内实行整改，通过一级AO法、二级BAF法对其工业废水进行处理，最终终端处理后的出水水质均达标。景长勇等（2016）在实践中将铁炭微电解＋曝气氧化＋溶气气浮＋生物接触氧化工艺相结合深度处理废水，并进行回用。

（三）大蒜贸易方面

肖小勇、李崇光（2013）运用“出口贸易大国”模型分析国内大蒜价格、国际大蒜价格、大蒜出口量和大蒜出口额等变量间的内生运行机制，认为中国大蒜出口符合“大国效应”模型，得出国内大蒜价格和国际大蒜价格显著影响中国大蒜出口量，在“大国效应”和弱弹性的共同作用下，中国大蒜出口频发“量增额减”和“量减额增”现象。张吉国（2009）认为中国大蒜产业存在供需情况不平衡、出口价格波动幅度较大、出口产品附加值低等问题，提出产业结构优化、对出口品种进行调整等建议。李京栋、张吉国（2015）选取大蒜主要出口国中国、西班牙和阿根廷，分别建立贸易引力模型来对比分析影响大蒜出口贸易流量的因素，并对贸易潜力进行了测算。结果显示，出口国和进口国人均 GDP、地理距离及自由贸易协定对三国大蒜出口流量都有显著影响，汇率水平对中国大蒜出口流量具有显著负影响，技术性贸易措施对阿根廷大蒜出口流量具有显著负影响，进口国人口数量对西班牙和阿根廷大蒜出口流量都有显著正影响；中国大蒜出口巴西、日本等国家的潜力较大，西班牙大蒜出口意大利和德国的潜力较大，阿根廷大蒜出口美国和墨西哥的潜力较大。

冯娟、章胜勇（2014）在分析中国大蒜出口不稳定性的基础上，通过构建误差修正模型和 CMS 模型分别从国内、国际两个方面来讨论影响大蒜出口收入的因素，得出中国保鲜大蒜出口收入的不稳定性主要是由国内大蒜批发价格波动所引起的，而在国际因素方面，竞争力效应和需求效应的影响较大，结构效应的影响较小。

（四）大蒜价格波动分析

学者主要集中在大蒜价格剧烈波动的原因、价格波动特征和影响因素、大蒜价格波动的经济学解释等方面展开研究。

1. 关于大蒜价格剧烈波动的原因

傅阳（2011）基于供应链视角剖析了大蒜价格的形成机制，并探究了近年来大蒜价格异常波动的原因为供应链各环节地位不平等、各环节信息不对称、缺乏规模性批发市场和政府调控不到位。姜辉等（2016）从大蒜的国内供给量与进出口量、进出口价格和货币供给三个传导机制对大蒜价格暴涨暴跌的成因进行了理论假设和实证检验，结果表明大蒜出口价格对大蒜价格波动有显著影响。姜辉、查伟华（2016）以大蒜为例，选取 2008 年 1 月至 2016 年 10 月共计 106 个月的大蒜价格，分析其最近三次价格波动的特点，而后分别从供给量、价格和货币三个传导机制剖析国内大蒜价格暴涨暴跌的成因，结合具体数据对大蒜价格波动成因进行实证检验。结果表明：国内货币发行量和大蒜出口数量对国内蒜价的冲击作用不明显，大蒜进口数量没有随着国内蒜价的剧烈波动发生明显的同步调整。但是，大蒜出口的价格对国内蒜价的波动存在显著的影响。最后，本文从引入国际市场调节机制、建立二级预警的价格管制体制和加强主产区农民利益保障机制三个层面提出了稳定诸如大蒜类小宗农产品价格的政策建议。

2. 关于农产品价格波动特征和影响因素的研究

张利庠等（2010）利用 H－P 滤波法分析了大蒜价格的波动周期，结合大蒜产业链各环节产业主体的博弈，说明游资对大蒜价格波动的影响不大。姚升等（2012）选择 ARCH 类模型对大蒜价格的波动特征进行实证分析，认为生产环节、流通环节和大蒜中远期交易市场的不完善造成了大蒜价格的大起大落。邱书钦等（2013）利用 X12 季节调整乘法模型和 H－P 滤波详细分析了大蒜价格数据的波动周期特征，通过建立大蒜价格波动率的 ARCH 类模型得出大蒜价格波动有集簇性，但不具备高风险高回报的特性。李京栋等（2015）采用 CF 滤波分析大蒜价格的波动特征，并选取成本消耗、气象灾害、货币供给及替代品价格变量构建 VAR 模型分析大蒜价格变动的影响因素。李伟伟（2016）从供需角度对中国蔬菜市场运行的概况进行总结，分析了蔬菜价格波动的时间序列特征，并基于复杂网络的方法，分析了蔬菜及蔬菜大类价格波动自传导的特征以及不同蔬菜品种价格波动的相关关系及传导特征，明确了蔬菜价格波动传导的内在规律，明确了对整个蔬菜价格波动网络具有较大影响的蔬菜品种，并在此基础上对蔬菜价格调控提出了政策建议。李彩彩（2017）通过采用 ARCH - M、EGARCH 模型对山东省 2006 年 1 月至 2016 年 5 月大蒜批发价格波动特征进行实证分析，得出：大蒜价格波动具有明显的“尖峰肥尾、非正态”的特征且波动持久性较强；具有显著集聚性和非对称性，价格下跌信息带来的冲击比价格上涨信息的冲击大得多；大蒜市场具有高风险高回报的特征。通过对山东省大蒜价格波动的影响因素的理论分析，以及采用主成分回归法，对 2003 ~ 2015 年的山东省大蒜价格波动供求因素、成本因素、宏观因素等年度数据进行实证分析。得出：在 2003 ~ 2015 年大蒜价格波动中，F1 起基础性作用，F2 起重要作用；种植面积、库存量和汇率与大蒜价格成负相关，受灾面积、生产成本、流通成本、出口额、货币供给量、GDP、CPI 与价格成正相关；2003 ~ 2015 年山东省大蒜价格波动的主要影响因素是供求因素和成本因素，其中影响最大的是种植面积和出口额。

3. 关于大蒜价格波动的经济学解释

邵作昌（2010）运用发散型蛛网模型研究大蒜价格与其产量、时间变量、需求函数和供给函数等变量的内在联系，揭示了市场信息不对称、农民跟风种植和气象灾害是大蒜价格异常波动的成因。严丹（2012）认为供需关系不平衡、信息不对称、适应性预期、流动性过剩和游资是“蒜你狠”“蒜你贱”现象交替出现的主要原因。周新德（2013）描述了大蒜价格异常波动的表象和特征，并用动态均衡分析的发散型蛛网理论对大蒜等小宗农产品的价格怪圈进行了经济学分析。

三、研究对象

（一）按照海关编码界定

根据海关编码界定大蒜相关产品，见表 1 - 1。

表 1 - 1　按照海关编码界定大蒜产品

数据库	相关信息		
	商品名称	商品税号	相关产品
海关信息网	鲜或冷藏的蒜头	07032010	保鲜蒜头、保鲜纯白大蒜、红蒜、普白蒜、鲜大蒜、中国新鲜大蒜、保鲜大蒜 FRESH WHOLE GARLIC、鲜的蒜头
	盐水大蒜	07119034	盐渍大蒜、盐渍蒜薹、盐渍蒜粒、盐渍蒜米、盐渍蒜、盐水大蒜、腌渍蒜米、腌渍蒜
	其他鲜或冷藏的大蒜	07032090	冷冻蒜米、大蒜、保鲜蒜米 FRESH PEELED GARLIC、冷藏蒜泥、冷藏蒜米、保鲜大蒜、复水蒜粒、保鲜蒜瓣

续表

数据库	相关信息		
海关信息网	含浓缩精油的制品；其他萜烯副产品及精油液	33019090	墨角兰萃取液 BG、山苍子油萜、水提取大蒜油 5% 混合液、灵芝萃取液 BG、橙花水、香油/吸取浸渍法制得/香薰用、掌状海带提取物、雅容玛香薰之家舒爽乳香纯香精油
	番茄酱罐头重量≤5 千克	20029011	家乐牌意大利番茄肉粒、番茄酱罐头 PASTE、罐装番茄酱、番茄酱罐头 MALING BRAND TOMATO PASTE、慕意大蒜风味番茄泥、番茄酱罐头“MALING” BRAND TOMATO PASTE、亨氏番茄酱、慕意罗勒风味番茄泥
	用醋或醋酸制作或保藏的大蒜	20019010	醋渍蒜米、复水蒜粒、保鲜蒜泥、醋蒜蓉、黑醋蒜、盐渍大蒜、醋腌蒜米、腌渍荞头
	种用休眠的鳞茎、块茎、块根、球茎、根颈及根茎	06011091	银莲花种球、洋水仙种球，休眠，种用、彩色马蹄莲种用风信子、苞鸢尾种球、睡莲、大蒜、酢浆草种球
UN com trade		070320	Vegetables，Alliaceous；Garlic，Fresh or Chilled（2012－2016）
		070320	Garlic，Fresh or Chilled（1992－2011）
FAO	GARLIC		

资料来源：国家特色蔬菜产业技术体系产业经济研究室根据海关信息网、UN comtrade、FAO 数据库整理所得。

（二）按照大蒜生物学属性分类

大蒜起源于亚洲中西部，传入我国有两千余年的历史。在栽培过程中，大蒜在不同的生态环境下，通过自然变异与人为选择，使我国大蒜品种资源丰富，并逐步形成了目前相对固定的类型，具体见表 1－2。

表 1－2　大蒜生物学属性分类

分类		种类
栽培类型	鳞茎外皮颜色	紫（红）皮蒜、白皮蒜
	蒜薹的有无	无薹蒜、有薹蒜
	蒜瓣的多少	多瓣蒜、少瓣蒜和独头蒜
生态类型	对低温的不同反应	低温反应敏感型（抗寒性较差）、低温反应中间型（耐寒性强）、低温反应性迟钝型（如徐州白蒜等）
生产目的		头用型、薹用型、头薹兼用型、苗用型、苗薹兼用型

资料来源：根据大蒜品种改良科学家团队提供的材料整理所得。

四、研究内容

本报告从产业技术、世界生产与贸易、中国生产与贸易、价格波动分析等方面对大蒜产业进行研究，具体各章的主要研究内容如下：

第一章主要从大蒜全产业链的关键环节梳理大蒜产业发展的国内外研究，界定研究对象，明确数据来源，提出研究内容；第二章全面系统地分析大蒜产业技术现状；第三章对世界大蒜生产与贸易进行系统分析；第四章对中国大蒜生产规模、生产布局和生产农户成本与收益进行分析；第五章重点阐述中国大蒜国际贸易规模、产品结构和市场变迁，研究了中国大蒜的国际竞争力；第六章从经济学视角分析了中国大蒜产品的市场价格波动；第七章在对世界和中国大蒜生产与贸易分析的基础上，提出了大蒜产业的未来发展趋势，以及促进大蒜产业发展的政策建议；第八章精选了典型大蒜加工企业和主产区案例。

五、数据来源

本报告数据主要通过以下渠道获取：第一，世界大蒜的生产与贸易数据，来自联合国粮农组织（FAO）、联合国国际贸易数据库（UN comtrade）；第二，中国大蒜国际贸易数据来源于《中国海关统计年鉴》（2007～2014 年）、海关信息网（2014～2017 年）；第三，市场价格数据来源于《中国农产品价格调查年鉴》以及中国农产品价格信息网；第四，国内大蒜产业数据 2008～2013 年来源于《中国农产品年鉴》，2015～2017 年相关数据来源于国家特色蔬菜产业技术体系大蒜相关研究岗位、项目组实地调研、问卷调查所获取的数据。

根据研究目的及内容的需要，本报告将所使用的数据都标注数据来源，由于统计的机构不同，国家间统计口径存在差异及进出口统计口径不同，部分数据不能达到完全的吻合。

第二章　中国大蒜生产技术概况

一、大蒜种植管理技术

（一）种植环境

为实行大蒜标准化生产，要求大蒜栽培地环境良好，蒜田大气、水质、土壤等要符合无公害农产品基地质量标准。同时大蒜田要选择地势平坦，土层深厚，耕层疏松，保水、保肥性能良好的水浇地块。

（二）播前准备

1. 精细整地，施足基肥

要求土壤肥沃，有机质含量高，地势平坦，土块细匀、疏松，沟系配套，排灌通畅。地膜大蒜需肥量大，盖膜后又不便追肥，因此，在肥料施用中要以基肥为主，追肥为辅。一般每亩施腐熟厩肥5000千克，或大蒜专用肥或复合肥40~50千克。施肥后深耕细耙。

2. 精选蒜种播种

大蒜选种应在收获时提早进行，以选择具有品种形态特征和优良种性的植株留种，要求叶无病斑，头肥大周正，外观颜色一致，瓣数相近，均匀饱满，并单收单藏；要求种瓣无病斑、无破损、无烂瓣、无夹心瓣、无弯曲瓣，单瓣重4~5克。

（三）播种

1. 播种期

一般秋播大蒜适期播种的日均温度20℃~22℃，北方地区为9月中下旬，以越冬前蒜苗4叶1心为准；长江流域及其以南地区为10月中旬至11月上旬，入冬前长到5~7片叶。

2. 播种方法

开沟栽培。用大蒜专用开沟器先从畦的一端开沟，以此开沟，每次可开沟4沟，再按株距将蒜瓣从靠沟的一侧依次排入。

3. 栽植密度及深度

头蒜按照株距 12～15 厘米进行播种，开沟、播种、覆土深浅一致，并且要使种瓣与土壤密接，把蒜瓣排放沟内，覆土 2 厘米。

4. 地膜覆盖

覆膜前喷施大蒜专用除草剂，用 2 米宽地膜覆盖后，要将地膜拉紧，四周压土，防止风吹起地膜，苗齐后用竹签破膜出苗。

（四）田间管理

1. 水肥管理

灌好“三水”，施好“三肥”，严防后期脱肥。越冬水，在土壤封冻前；返青水，在翌年春天土壤解冻时；膨大水，在蒜头快速膨大初期。越冬肥，冬前追施充分腐熟厩肥；返青肥，翌年土壤解冻后追施化学氮肥；膨大肥，地膜大蒜长势旺盛，需肥量大，后期易脱肥，因此在中后期追施蒜头膨大肥非常必要，后期根系吸肥能力减弱后要叶面喷施 0.2% 磷酸二氢钾 1～2 次，以满足大蒜对磷钾营养的需求，延长后期功能叶的寿命，促进蒜头膨大。

2. 防治病虫

大蒜春季易发生叶枯病、疫病、灰霉病、葱蓟马、蚜虫、蒜蛆等病虫，应选择高效低毒农药及时防治。

（五）收获

1. 蒜薹收获

当蒜薹的花序苞片伸出叶鞘 7～10 厘米时刚弯腰时即可采收蒜薹，采收时用取薹器割开假茎，把蒜薹抽断取出，把蒜叶扭转覆盖伤口，注意不要划伤蒜薹，保留叶片 4～5 片。

2. 蒜头收获

蒜薹收获后 25 天左右，当大蒜假茎变软、枯黄之后，蒜头即可收获。收获要及时，防治收获过晚，大蒜裂瓣，商品性降低。收获后及时晾晒，通风良好的放在背阴处晾晒，防治霉变。

二、大蒜育种技术

目前大蒜育种主要以无性系选育为主，育种目标结合生产所需确定，如高产、优质、多抗、耐储、专用型品种等。育种方法为常规育种技术与现代育种技术相结合，主要有以下几种方法。

（一）常规选择育种

大蒜常规选择育种主要采用系统选育与集团选择法。系统选育主要通过单株选择后再连续优中选优，从老品种中培育出新品种的育种方法；集团选择法主要是将大蒜品种群体内符合育种目标的所有单株混合选取、后代混合收获，连续几代选择获得群体。两种方法都利用了大蒜品种群体内存在遗传组成差异这一特性。山东农业大学园艺学院选育的早薹蒜2号与江苏徐淮地区徐州农业科学研究所选育的徐蒜系列（徐蒜815，徐蒜917，徐蒜918）都是采用混合选择法按照育种目标定向选择获得的群体。

（二）诱变育种

大蒜诱变育种包括射线辐照诱变、化学诱变药剂、航天诱变等。

射线辐照诱变通常主要指α射线、β射线、γ射线、X射线、中子和其他粒子、紫外辐射以及微波辐射等物理因素诱发的变异。如徐培文等（1999）用60Co－γ射线处理太仓白蒜和苍山糙蒜离体培养的芽，在存活苗中各获得了1个突变体，突变体比对照产量有所增加。戚文元等（2006）经研究认为，采用8～10Gy的辐照剂量有利于诱发大蒜愈伤组织发生细胞突变。

化学诱变主要为多倍体诱导，化学诱变药剂主要有秋水仙素以及部分除草剂，如二硝基苯胺类（安磺灵、氟乐灵）、磷酰胺类（甲基胺草磷）、甲基酰胺类（戊炔草胺）、氨基甲酸酯类（氯苯胺灵）等，这些除草剂与植物细胞微管蛋白的亲和性更高，对人体毒害作用小。

化学诱变剂处理材料有活体诱导处理、化学诱导与组织培养相结合处理两种方法。活体诱导处理部位可为种子、幼苗茎尖、幼苗生长点等，但活体诱导处理方法具有诱变率低、嵌合率高，且获得的四倍体植株稔性低，不易获得大量四倍体个体等缺点，而离体培养与活体诱导处理相比，具有以下优点：一是便于取得大量均一的诱导材料，用组织培养法可获得大量分裂旺盛的丛生芽、茎段和愈伤组织等诱导材料；二是组织培养条件容易控制，试验结果重复性好；三是可减少并有利于及时分离嵌合体。因此，对材料组织培养后再作诱导处理，能使诱导加倍的多倍体单细胞分化出不定芽，并发育成单株。

航天诱变育种是指利用航天技术，通过返回式航天器（卫星或飞船）等将农作物种子、苗木等带到200～400千米的太空范围，利用太空特殊环境（空间宇宙射线、微重力、弱磁场、高真空、大交变磁场等因素）对农作物种子进行诱变，再返回地面选育新种子、新材料，培育新品种的作物育种新技术。目前，航天诱变育种技术已被广泛应用于各种植物的遗传改良过程中。我国首先开展了大蒜航空育种，并且制定了《大蒜航天育种规范》，已育成了几个航天育种大蒜（郭瑞峰，2011）。

（三）有性杂交育种

大蒜不育严重限制了大蒜育种，其不育原因至今尚未形成统一的结论，主要原因可能是植原体、病毒等病原物干扰，或染色体异常、缺失，或减数分裂后期绒毡层退化，或气生鳞茎与花竞争营养等。国内相关研究较少，国外对大蒜有性繁殖方面的研究相对较多，但通过大蒜有性繁殖选育获得的品种还未见运用于生产。

（四）现代生物技术育种

体细胞无性系变异是通过组织培养的方式在培养基中添加选择压，引导变异向人们期望的方向发展，达到调控的目的。大蒜原生质体培养能产生一些无性变异系，可选出优良的变异材料，且能实现不同材料的核质重组，也为体细胞杂交奠定理论基础，但这方面的研究刚刚起步。此外，分子标记辅助育种在大蒜品种资源鉴定评价中也开始应用。

三、大蒜繁种技术

良种繁育技术与育种技术有很大相似之处，但良种繁育技术极其重要的是需要长期的工作经验。国外的种子公司一般具有丰富的良种繁育经验，不仅可以繁育自己公司的品种，而且与国外专业采种公司有着密切的合作，掌握着世界的种子生产资源信息。而中国蔬菜种子繁育方面的研发起步较晚，大蒜良种繁育工作整体较为落后，尤其大蒜多为农户自生产田中留种，尚缺乏良种繁育技术。

大蒜目前尚未完善的良种繁育体系，生产中多采用片选或集团选择法留种。

四、大蒜栽培制度与模式

根据栽培季节，我国大蒜有春播蒜和秋播蒜两种。在自然状态下，北纬38°以北地区冬季严寒，秋播蒜苗易受冻害，宜春播；北纬35°以南地区冬季不很寒冷，蒜苗基本可以露地越冬，宜秋播；北纬35°～38°之间地区春、秋播均可。随着栽培技术的创新，利用设施与保温材料（覆草、盖地膜等）技术的应用，北纬38°以北地区大蒜也可以秋播。

中国大蒜栽培模式分为：以收获蒜薹或蒜头的常规栽培；以食用假茎和叶片为目的的青蒜和蒜黄栽培；以提高土地利用率和复种指数，增加经济效益为目的的多种间套作栽培。

五、病虫害防控技术

（一）病虫害种类

大蒜主要病害有紫斑病、叶枯病、灰霉病、灰叶斑病、干腐病、锈病、霜霉病、疫病、白腐病、根腐病等真菌性病害、细菌性软腐病及病毒病等；主要虫害有蒜蛆、蓟马、蚜虫、潜叶蝇、象鼻虫等。

（二）主要防控技术

病虫害防治应该采用预防为主、综合防治的措施。主要包括农业防治、生态防治、物理防治、化学防治和生物防治等。

1. 农业防治

一是严格引种，必须按严格的引种程序进行，要先经过小区试验，选出适合当地种植的优质、高产、商品性好、抗病虫的品种进行推广，从源头上杜绝检疫性病虫害的传入；二是对土壤进行翻耕，并及时清除土壤中的残枝落叶，消灭部分越冬蛹，夏季结合农事操作，进行中耕或灌溉，摘除卵块或幼虫，及时清除田间及其周围的杂草，减少虫卵；三是重视轮作倒茬，加强耕作管理，注意氮、磷、钾肥的配合使用，不要偏施氮肥；四是雨后及时排水，适当浇水，控制田间湿度。

2. 生态防治

主要是通过创造适于作物生长，而不利于病虫害发生的环境条件，抑制或减轻病虫害的发生。

3. 物理防治

物理机械防治是利用各种物理因素及机械设备或工具防治病虫草害。该方法具有简单方便、经济有效、副作用少等优点。采用人工或机具器械防治病虫草害，主要有清除法、捕杀法、隔离法等，也可利用病虫草对光、热、色、射线、高频电流、超声波等物理因素的特殊反应来防治病虫草害。

4. 化学防治

一是土壤处理，特别是土传病害采用棉隆、氯化苦、氯丙烯、石灰氮等对土壤进行熏蒸处理；二是发现病株，及时选用高效低毒低残留化学农药喷洒或灌根。

5. 生物防治

综合运用各种措施保护、增殖、利用天敌进行防治；可通过性诱剂诱杀害虫成虫，减少虫口密度；也可利用植物源农药、Bt 制剂、Bt 杀虫变种、Bt 与苏云金杆素菌混合剂等生物农药进行防治。

六、大蒜生产机械化

（一）大蒜耕整机械

大蒜为地下深扎根作物，尤其是大蒜为地下结果，深耕一般 30 厘米以上，必须保证土壤通透性强且土质平坦松软，要求达到平、整、碎、匀的效果。目前国内多采用土壤深耕和平整装备实现，该类机械为大田通用机械，主要包括旋耕机、深耕翻转犁、深松机、圆盘耙等。大蒜生产全部环节中，耕整地环节机械化水平在 80%（机械化作业面积占总面积比例，下同）以上，该类机械作业效率高，但存在与动力机具配套比不合理、工作部件如犁刀耙片等折断或磨损严重问题，造成动力和装备的浪费或不足以及工作效果不佳。

（二）大蒜种植机械

1. 开沟机

大蒜种植时开沟作业现有机型为开沟机，具有旋耕、起垄、沟底碎土、平整和镇压联合作业功能，分为牵引式和自走式，其中自走式机型小巧，操作灵活，工作效率高，可在大田和温室使用，可通过田园管理机更换刀片完成，减少农户投入，该环节机械化水平在95%以上。

2. 大蒜播种机械

目前国内高校、科研机构和企业对大蒜播种机械研究取得了一些研究成果，但是由于大蒜播种有鳞芽朝上直立种植的特殊农艺要求，单粒取种、鳞芽方向控制和直立播种三大关键技术还不成熟，多数处于试验完善阶段。主要存在取种时出现多取、漏取以及蒜种损伤等情况，机械在覆土过程中与蒜种之间摩擦导致鳞芽倾斜或平躺现象，以及播种时机械排种器堵塞，入土深度调整不当，出芽不整齐等。总体来说，当前大蒜播种机械化水平不足2%。大蒜播种机械代表机型主要有：山东农业大学种盒式半自动播种机，采用种盒式大蒜播种方式，由降解材料制成单排多穴蒜种盒，然后人工或机械将蒜种“根下尖上”置于蒜种盒，再由大蒜播种机将蒜种连同蒜种盒播于地下，完成大蒜播种。该机为半自动化作业，分段播种，在一定程度上降低了劳动强度；蒜种排放整齐，播种深度一致；蒜种盒采用可降解材料并可加入一定的控释肥。但是该机播种为人工辅助，自动化程度低，且行走速度较慢。

山东农业大学与济南华庆农业机械科技有限公司研制的大蒜播种机，排种器采用分级结构，每一级均实现一次调向操作，压穴锥设计成鸭嘴状，首先在土中压出种穴并开口，蒜种落入土中，压穴锥提起，然后覆土，蒜种直立率在93%以上，但存在少数蒜种平躺和倒向问题。

山东农业大学与临沂市建领模具机械有限公司合作研发了2BSZ－12液压牵引式新型智能大蒜播种机，整机由履带式牵引底盘牵引，并提供液压动力源，提种机构取种三爪由下向上运动，从种子箱取种，单粒蒜种经扶正机构调正，牙上根下落入成穴机构开好的穴中，覆土装置覆土，完成播种作业。监控系统对取种进行监控，由补种机构及时补种。扶正系统为大螺距锥度弹簧，在大蒜以鳞芽向左或向右进入扶正器后，蒜尖肯定会进入左侧或右侧的空隙中，此时由于大蒜的重力和加速度的作用，使得蒜瓣变向，鳞芽向上，当蒜尖以朝下的方式进入扶正系统后，这时大蒜在下行到强行掉头区时，蒜尖会进入强行调头区的缝隙中，此时大蒜在重力和加速度的作用下强行调向，尖朝上通过垂直通道进入窝中，最终保持鳞芽朝向。

由山东农业大学和安丘丰益机械厂合作生产的新型悬挂式精准大蒜播种机，采用了圆盘式单粒取种装置、锥形杯方向控制装置、行星轮式直立栽种机构。蒜种调正装置，充分地利用了大蒜的外貌特征，由于大蒜的上部分带有毛尖，而尾部是平的没有多余尖部，因此以此作为突破口，当大蒜头部朝下时候，会使得毛尖朝下，设计一个接蒜装置，一半是短鸭嘴，一半是长鸭嘴，留有一个小口子，便于毛尖漏出但是不让尾部出现，当插播的接料斗子过来的时候会挤住毛尖，由于自重会使得大蒜自由落体，由于毛尖挤住，就实现了调正。

（三）大蒜田间管理机械

1. 灌溉机械

当前大蒜主要还是采用大水漫灌方式，大田种植地头设有深井，通过人工接入水管灌溉，少部分采用移动式喷灌机械和铺设滴灌管的水肥一体化装备，大水漫灌水资源浪费严重，水肥一体化实现水和肥一体化利用和管理，使水和肥料在土壤中以优化的组合状态供应给植株吸收利用，值得推广，但是前期投入较大，不易被农户采用。采用各种机械装备，该部分机械化水平几乎为100%。

2. 植保机械

大田种植的大蒜病虫草害防治机械机型以人工电（手）动背负式喷雾机为主，少数采用机动式喷杆喷雾机与风送式弥雾机。人工使用背负式机动喷雾机等手动器械不仅劳动强度大，作业效率低，还易造成农药中毒等危害，影响人身安全。以使用机动喷雾机为界，该环节机械化作业水平不足10%。

3. 施肥机械

大田种植大蒜施肥机械往往与其他环节组合使用，如播前土壤耕整机械与施肥机组合、中耕除草机械与施肥机组合、植保机械与施肥机组合等，目前施肥机主要为外槽轮式排肥器以及肥料撒布机，外槽轮排种器排肥量稳定可靠、排肥均匀、通用性好、排肥量调节范围大、操作方便，能适应不同品种、不同密度的化肥和作业要求，多用于追肥，但是易堵塞，堆积在排肥口且现有排肥器多为塑料件，耐用性较差；肥料撒布机工作效率高，均匀性好，适合于宽幅大面积作业，但作物出苗后使用容易烧苗，因此更多应用在播前土壤处理。出苗后施肥主要依靠人工撒施，中国当前施肥环节机械化水平不高，在40%左右。

（四）大蒜收获机械

大蒜收获机械分为分段收获机械与联合收获机械。其中，分段收获机械按照作业部件不同，又分为振动铲式、动力圆盘式、铲链筛组合式、链条夹持铺放式等几种形式；联合收获机集大蒜挖掘、夹持输送、去土、切秧、输送收集等功能。目前受制于人工费用增高等问题，分段收获机械应用越来越多，但是存在机具适用性较差、伤蒜率高、漏挖率高等问题，联合收获机械处于试验完善阶段，无成熟可用产品，大蒜收获机械化水平不足20%。

（五）采后保鲜与加工技术

1. 采后保鲜与储藏

大蒜具有较长的自然休眠期，因此，采收初期，可在自然环境中避雨阴凉通风处进行短期存放；但若长期贮藏，大蒜需分别在0℃～3℃及－1℃左右的恒温库中贮藏，一般贮藏期不超过1年。

2. 产品加工技术

由于大蒜生产国多为第三世界国家，产品加工技术较为落后，采后处理多为清洗、腌渍、干制等初级加工品，产品技术附加值较低。目前，中国大蒜加工主要包括保鲜产品、腌渍产品、脱水产品等，也有少量冷冻产品、软饮料及功能成分加工产品（如大蒜素等）及其他加工品（如黑蒜等）。

第三章　世界大蒜生产与贸易

一、世界大蒜生产

（一）世界大蒜生产布局

1911 年，考古学家们在挖掘埃及法老陵墓时发现了类似蒜头的模型，据此推测，公元前 4000 年前后已经种植大蒜，大蒜栽培历史悠久。目前，世界大蒜生产主要分布于亚洲、非洲、美洲和欧洲。

各大洲大蒜种植面积基本呈稳定态势，亚洲是主要种植地区。2008～2016 年，亚洲大蒜产量占比常年在 91.46% 以上，由 2008 年的 91.38% 上升到 2016 年的 91.76%。亚洲大蒜种植面积占世界大蒜种植面积的比例由 2008 年的 85.4% 下降到 2016 年的 85.04%；非洲大蒜种植面积占世界大蒜种植面积的比例由 2010 年的 3.13% 上升到 3.87%；美洲大蒜种植面积占世界大蒜种植面积的比例由 2008 年的 4.25% 上升到 2016 年的 4.39%，大洋洲大蒜种植面积占世界大蒜种植面积的比例从 2010 年至 2016 年都是 0.02%（见图 3－1）。

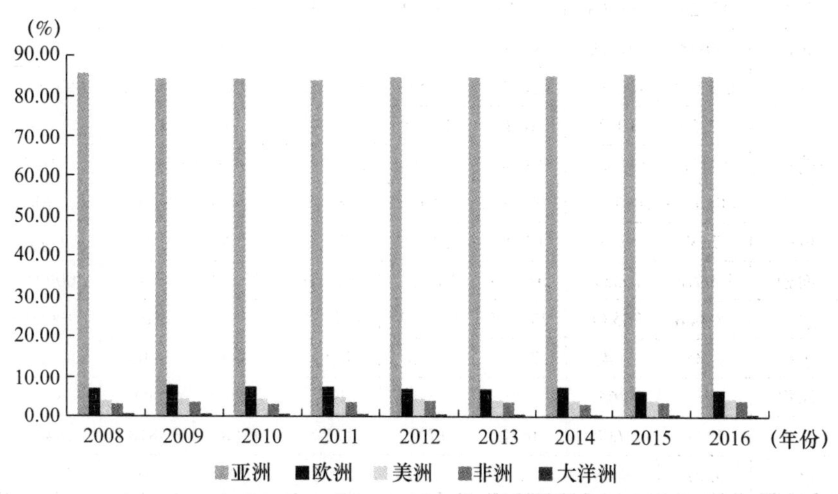

图 3－1　2008～2016 年世界各大洲大蒜种植面积占比趋势

2016 年，亚洲大蒜总产量占世界总产量的 91.76%，欧洲、美洲、非洲占世界产量比重仅为 3.11%、2.65%、2.48%（见表 3－1）。非洲大蒜产量占比由 2008 年的 3.61% 上升到 5.42%，2014 年达到最大值 7.55%。美洲大蒜产量占比非常小，但有增长趋势，由 2008 年的 0.07% 增长到 2016 年的 0.12%。大洋洲大蒜产量占比常年低于 0.1%。总体而言，大蒜生产从亚洲扩散到非洲、美洲、大洋洲，其中非洲和美洲的种植面积有上升趋势。单产水平来看，亚洲最高，其次是非洲、美洲、欧洲和大洋洲。亚洲单产水平均值 18.34 吨/公顷，非洲均值 11.9 吨/公顷，美洲均值 10.8 吨/公顷，欧洲均值 7.69 吨/公顷，大洋洲均值 6 吨/公顷（见表 3－2）。各大洲单产水平较为稳定，亚洲作为大蒜的发源地，种植大蒜历史悠久，种植经验丰富，单产水平较高（见图 3－2）。

表 3－1　2016 年世界各大洲大蒜产量及占比

单位：万吨，%

地区	产量	占比
世界	2657.30	100.00
亚洲	2438.37	91.76
欧洲	82.52	3.11
美洲	70.40	2.65
非洲	65.82	2.48

数据来源：FAO 数据库（http：//www.fao.org/faostat/en）。

表 3－2　世界各大洲大蒜生产情况

单位：公顷，吨，吨/公顷

	年份	2008	2009	2010	2011	2012	2013	2014	2015	2016
非洲	面积	43936	45480	44009	49103	56238	52167	47805	53116	56910
	总产	583844	501650	515690	575416	687516	604962	565384	643795	658236
	单产	13.29	11.03	11.72	11.72	12.23	11.6	11.83	12.12	11.57
美洲	面积	59638	61189	60967	66967	62965	60765	59391	62185	63129
	总产	635569	631935	636964	733548	688212	669499	647602	695687	703955
	单产	10.66	10.33	10.45	10.95	10.93	11.02	10.9	11.19	11.15
亚洲	面积	1198687	1110661	1130349	1164434	1223764	1214080	1206088	1272195	1249045
	总产	20815353	20173044	20673833	21001136	21265946	22174290	22966196	24632066	24383745
	单产	17.37	18.16	18.29	18.04	17.38	18.26	19.04	19.36	19.52
欧洲	面积	100974	103310	102076	104127	102656	102272	103485	100907	99413
	总产	741666	765802	750477	775633	764655	799422	836597	810069	825187
	单产	7.35	7.41	7.35	7.45	7.45	7.82	8.08	8.03	8.3
大洋洲	面积	300	265	279	299	293	298	304	309	314
	总产	1821	1600	1672	1791	1758	1788	1818	1849	1879
	单产	6.07	6.05	6	5.99	5.99	5.99	5.99	5.99	5.99

数据来源：FAO 数据库（http：//www.fao.org/faostat/en/#data/QC）。

1. 亚洲

亚洲大蒜生产方面处于领先地位，亚洲是大蒜发源地，各国均有种植大蒜，并有食用大蒜的习惯。中国、韩国和印度是主要的大蒜种植国和出口国，中国大蒜已有两千多年的历史，大蒜作为烹饪用调料因此被广泛种植，此外大蒜具有杀菌、抑菌、抗毒等医疗和保健作用。中国大蒜种植面积、产量均居世界第一，中国大蒜在世界上占有绝对优势地位，具有较强的国际竞争力，在亚洲市场有明显的竞争优势，对韩国和印度大蒜出口有较大影响。近年来中国大蒜年产量在2200万吨左右，国内消费量巨大，占总产量的80%以上。中国大蒜产量占世界总产量的80%左右。

印度作为第二大大蒜生产国，大蒜产量在120万吨左右，占世界总产量的4.9%左右。印度主要通过进口中国大蒜来满足本国的消费需求和进行转口贸易。

2. 欧洲

欧洲种植面积占世界比例均值是7.25%。西班牙和法国是欧洲传统的大蒜生产国，大蒜主要出口到欧洲市场。西班牙大蒜以不干不瘪的质量优势在欧洲市场具有较强竞争力。近年来，随着中国大蒜进入欧洲市场，以上乘的品质和低廉的价格，对西班牙和法国的大蒜生产冲击较大。

3. 美洲

美洲种植面积占世界比例均值是4.39%，智利是美洲主要的大蒜生产国，不仅供本国市场消费，而且出口到墨西哥、秘鲁、玻利维亚和巴西等南美国家。20世纪，中国大蒜引进到智利，目前，智利已经开始将本国生产的大蒜出口到邻近国家。

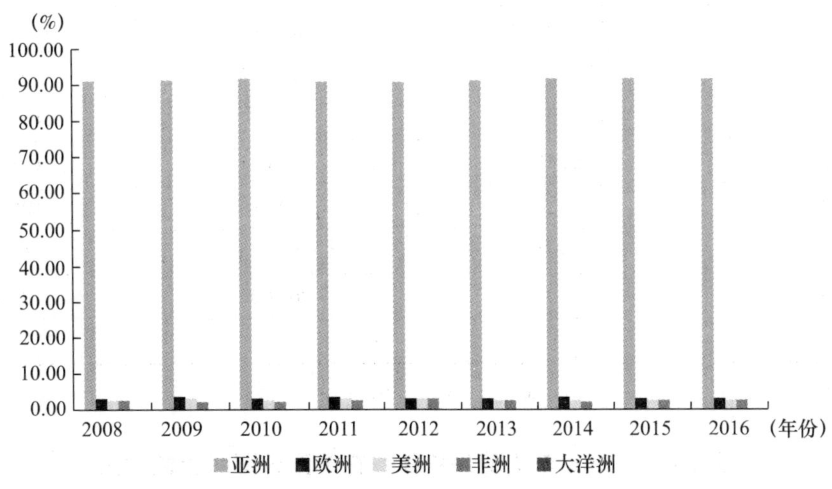

图3-2　2008~2016年世界各大洲大蒜产量占比趋势

（二）世界大蒜生产情况

2000~2016年，世界大蒜生产情况见表3-3。

从种植面积来看，2000年大蒜种植面积是1080.93千公顷，2016年是1468.81千公顷，2016 年比 2000 年增加 387.88 千公顷，16 年间世界大蒜种植面积增长了 35.88%。

从总产量来看，2000 年大蒜总产量是 1106.71 万吨，2016 年是 2657.30 万吨，2016 年总产量比 2000 年增长 1550.59 万吨，增长了 140.11%。

世界上约有 100 个国家生产大蒜。2016 年，种植面积在 1 万公顷以上的国家包括中国、印度、孟加拉国、缅甸等 16 个国家，占世界大蒜种植面积的 90.79%（见表 3-4）。大蒜总产量前十位国家由高到低依次为：中国、印度、孟加拉国、埃及、韩国、俄罗斯、缅甸、乌克兰、乌兹别克斯坦、西班牙（见表 3-5）。2000~2016 年，前十位大蒜生产国占世界总产量比重几乎不变，所占比重平均为 92.36%。

表 3-3　2000~2016 年世界大蒜生产情况

年份	种植面积（千公顷）	总产量（万吨）	单产（千克/公顷）
2000	1080.93	1106.71	10238.50
2001	1087.83	1145.75	10532.50
2002	1110.30	1254.87	11302.10
2003	1134.79	1367.26	12048.50
2004	1153.74	1445.32	12527.30
2005	1179.33	1505.00	12761.50
2006	1173.74	1531.75	13050.20
2007	1304.30	2011.08	15418.80
2008	1403.54	2277.83	16229.20
2009	1320.91	2207.40	16711.30
2010	1337.68	2257.86	16878.90
2011	1384.93	2308.75	16670.50
2012	1445.92	2340.81	16189.10
2013	1429.58	2425.00	16963.00
2014	1417.07	2501.76	17654.40
2015	1488.71	2678.35	17991.00
2016	1468.81	2657.30	18091.50

数据来源：FAO 数据库（http：//www.fao.org/faostat/en/#data/QC）。

表 3-4　2016 年大蒜种植面积在 1 万公顷以上的国家

单位：公顷

排名	国家和地区	种植面积
	世界	1468811
1	中国	791257
2	印度	261000
3	孟加拉国	60776

续表

排名	国家和地区	种植面积
4	缅甸	28682
5	俄罗斯	28292
6	乌克兰	21000
7	韩国	20759
8	西班牙	18485
9	阿根廷	15746
10	埃塞俄比亚	15381
11	土耳其	15166
12	苏丹	12157
13	埃及	11875
14	巴西	11403
15	泰国	11305
16	罗马尼亚	10211

数据来源：FAO 数据库（http：//www. fao. org/faostat/en/#data/QC）。

表 3－5 2010～2016 年世界大蒜主产国产量

单位：万吨

国家和地区	2010 年	2011 年	2012 年	2013 年	2014 年	2015 年	2016 年
世界	2257. 86	2308. 75	2340. 81	2425. 00	2501. 76	2678. 35	2657. 30
中国	1854. 87	1850. 76	1849. 16	1922. 73	2006. 85	2157. 86	2126. 32
印度	83. 40	105. 78	122. 80	125. 90	125. 20	142. 50	140. 00
孟加拉国	16. 44	20. 92	23. 36	22. 37	31. 20	34. 57	38. 19
埃及	24. 46	29. 58	30. 92	23. 42	26. 32	29. 09	28. 02
韩国	27. 16	29. 50	33. 91	41. 23	35. 38	26. 63	27. 55
俄罗斯	21. 35	23. 39	23. 93	23. 28	25. 64	25. 49	26. 22
缅甸	20. 60	20. 93	20. 88	21. 20	20. 89	20. 91	21. 29
乌克兰	15. 74	17. 19	17. 14	18. 56	19. 11	17. 65	18. 80
乌兹别克斯坦	4. 57	12. 76	13. 99	20. 36	15. 41	16. 58	17. 42
西班牙	13. 66	14. 08	15. 44	17. 36	17. 74	17. 84	17. 00

数据来源：FAO 数据库（http：//www. fao. org/faostat/en/#data/QC）。

利用市场集中度指标 CR_n 来对世界大蒜生产的集中度情况进行评估，CR_1、CR_2、CR_3、CR_6 分别代表产量排名第 1 名、前 2 名、前 3 名、前 6 名大蒜生产国的产量之和占世界总产量的比重（见表 3－6）。

2010～2016 年 CR_1、CR_2、CR_3、CR_6 的值总体呈现下降趋势，说明世界大蒜生产集中程度总体呈下降趋势。2010 年 CR_1 值为 82. 15%，2016 年下降至 80. 02%，中国仍然占据世界大蒜生产的优势地位。CR_2 值从 2010 年的 85. 85% 下降至 2016 年的 85. 29%；CR_3 值从 2010 年的 87. 05% 下降至 2016 年的 86. 32%；CR_6 从 2010 年的 89. 99% 下降至 2016 年的 89. 17%。CR_1 下降最多，其他集中度值略有下降，说明虽然大蒜生产有扩散趋势，但是六大主产国依然占据世界大蒜的优势地位。

表 3－6　2010－2016 年世界大蒜生产集中度

单位:%

	2010	2011	2012	2013	2014	2015	2016
CR_1	82. 15	80. 16	79. 00	79. 29	80. 22	80. 57	80. 02
CR_2	85. 85	84. 74	84. 24	84. 48	85. 22	85. 89	85. 29
CR_3	87. 05	86. 02	85. 69	86. 18	86. 64	86. 88	86. 32
CR_6	89. 99	89. 22	88. 93	88. 98	89. 55	89. 70	89. 17

从单产来看，2000 年世界大蒜单产是 10238. 5 千克/公顷，2016 年单产是 18091. 5 千克/公顷（见表 3－3），2016 年比 2000 年增长 7853 千克/公顷，增长了 76. 70%。值得关注的是，2010～2016 年中国大蒜的单产始终低于乌兹别克斯坦，位居世界第二（见表 3－7、表 3－8）。乌兹别克斯坦的大蒜单产虽然高于中国，但是产量上跟中国相差甚远。乌兹别克斯坦的种植面积与中国相比，也差距很大。

表 3－7　2016 年大蒜单产前十国家

单位：千克/公顷

排名	国家	单产
1	乌兹别克斯坦	36434
2	中国	26686
3	海地	26355
4	埃及	23598
5	哈萨克斯坦	19466
6	哥伦比亚	18053
7	科威特	17752
8	约旦	17305
9	葡萄牙	17250
10	美国	16821

数据来源：FAO 数据库（http：//www. fao. org/faostat/en/#data/QC）。

表 3－8　2010～2016 年中乌大蒜单产对比

单位：千克/公顷

年份	乌兹别克斯坦	中国
2010	17577	23066
2011	28929	23297
2012	45270	23100
2013	39485	24568
2014	30222	25333
2015	33152	26081
2016	36434	26686

数据来源：FAO 数据库（http：//www. fao. org/faostat/en/#data/QC）。

乌兹别克斯坦属严重干旱的大陆性气候，夏季漫长、炎热，7月平均气温为26℃～32℃，南部白天气温经常高达40℃；冬季短促、寒冷，1月平均气温为－6℃～－3℃，北部绝对最低气温为－38℃。年均降水量平原低地为80～200毫米，山区为1000毫米，大部分集中在冬春两季。乌兹别克斯坦气候干旱，降水少，气温日较差和年较差大；气候条件，土壤条件适宜大蒜生产。乌兹别克斯坦是大蒜起源地之一，大蒜栽培历史悠久。

二、世界大蒜贸易

（一）世界大蒜出口贸易趋势

2010～2013年，世界大蒜贸易总量呈现升—降—升的趋势。2010年的出口额和2011年的出口量达到历史峰值。2010～2011年，大蒜贸易总量快速增长，从2010年的167.59万吨上涨到2011年的197.51万吨，上涨29.92万吨，2011～2012年由197.51万吨下降到175.56万吨，2012～2013年出现上涨，由175.56万吨上涨到197.05万吨（见图3－3）。

2010～2012年出口额呈持续下降趋势，2012～2013年出现缓慢增长趋势。整体来看大蒜出口额减少没有改变出口量增加趋势，出现了量增额减现象（见图3－3）。

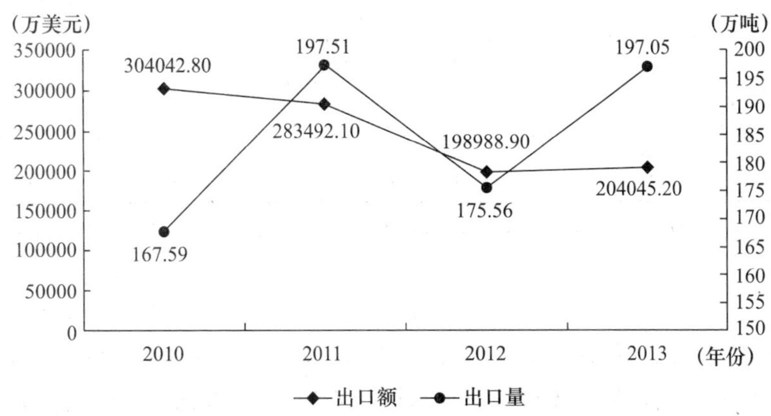

图3－3　2010～2013年世界大蒜出口贸易走势

注：FAO数据库世界大蒜出口数据截止到2013年，2014～2017年未更新数据；UN comtrade数据库大蒜出口总数据。

数据来源：FAO数据库（http：//www.fao.org/faostat/en/#data/QC）。

（二）世界大蒜主要出口国家分布

世界大蒜出口国家分布范围较广，主要集中在亚洲（中国、韩国和印度）、欧洲（西班牙和法国）和南美地区（智利）。出口量亚洲占87%，欧洲占9%，美洲占4%；出口金额亚洲占81%，欧洲占15%，美洲占4%。世界大蒜出口量和出口额都呈现上升趋势。

2016年，大蒜出口前七名的国家是中国、西班牙、阿根廷、荷兰、印度、墨西哥和法国，出口额占世界大蒜出口总额的95%，出口量占世界大蒜出口总量的98%（见表3－9）。

表3－9　世界大蒜主要出口国家情况

单位：万吨，万美元

年份	中国		西班牙		阿根廷		荷兰		印度		墨西哥		法国	
	出口量	出口额	出口量	出口额	出口量	出口额	出口量	出口额	出口量	出口额	出口量	出口额	出口量	出口额
2002	104.9	34468	6	9267	6.2	4572	1.1	1230	0	20.1	1.2	2573	1.8	3221
2003	114.2	35490	6.1	8793	8.7	5734	0.9	1304	0.2	48.1	1.1	1036	1.4	2822
2004	112.8	41917	6.7	9472	10.1	6665	0.9	1369	0.1	55.6	4.4	1044	1.2	2880
2005	115.6	56248	6.6	11366	9.7	8496	1.2	2053	2.7	687.2	1.1	1425	1.2	3414
2006	122.4	80075	5.2	11879	10	9377	1.3	2947	1.9	591.2	1.2	1380	1.3	4105
2007	143.8	87211	5.2	13483	12	12543	1.7	3944	0.05	33.3	1.1	1281	1.3	4579
2008	153.6	63809	4.9	12499	9.9	11159	1.9	3780	0.06	35.5	1.2	1554	1.1	4254
2009	159.6	108631	6.3	13882	9.2	11275	4.4	4993	1.4	696.5	1.3	1120	1.1	3803
2010	136.5	231890	6.5	21461	8.9	19495	2	5875	1.3	1921.9	1.2	1268	1.1	4606
2011	166.4	206829	6	19563	9.2	20761	2.5	7756	0.3	261	1.3	1291	1.2	5677
2012	141.4	138759	8.2	18273	8.8	12841	2.4	6114	2.5	1038.4	1.4	1673	1	3769
2013	162.6	139740	9.8	20382	7.2	13637	2.2	5967	2.9	1129	1	1170	1	4209
2014	175.2	147319	12.4	22150	7.5	10762	2.1	4969	1.6	760.3	1.2	1113	0.9	3555
2015	175.4	186089	14.9	26903	6.6	8357	3.2	6711	0.7	385.5	1.3	1326	1	3076
2016	153.1	264471	16.3	41576	7.8	16168	3.8	10858	2.2	1978.3	1.6	2145	1.5	4344

数据来源：FAO 数据库（http：//www.fao.org/faostat/en/#data/QC）、联合国国际贸易数据库（The United Nations commodity trade statistics database）。

其中，中国大蒜出口量占大蒜出口总量的80%以上，出口额占到出口总额的70%左右。近十年中国大蒜出口量总体呈现上升趋势。从2002年的104.9万吨增加到2016年的153.1万吨，增长率高达145.9%，2016年，其出口量高出西班牙136.8万吨，在国际市场上具有很强的竞争力。

值得注意的是，印度2002年的大蒜几乎无出口，到2016年出口量达到2.2万吨，出口额1978.3万美元，增长态势强劲。

美国也是非常重要的大蒜种植国和出口国，美国大蒜主要出口到欧洲市场，自20世纪90年代，美国对中国大蒜实行反倾销政策，阻止中国大蒜进入美国市场，2008年山东大蒜出口美国就遭遇了美国商务部的反倾销。近几年，中国大蒜由于质优价低，美国逐步接受认同了中国大蒜。目前，美国开始减少大蒜种植面积，转而进口中国大蒜来代替部分自产大蒜。

（三）世界大蒜主要进口国家分布

2011～2016年，世界大蒜进口量和进口额相对比较稳定，大蒜进口国主要有印度尼西亚、巴西、越南、马来西亚、美国、俄罗斯、巴基斯坦、孟加拉国、沙特阿拉伯，其中，印度尼西亚、巴西、越南是世界大蒜主要进口国，进口总量占世界前十国家进口总量的45%以上（见表3－10）。值得关注的是，印度尼西亚、巴西、越南、马来西亚等亚洲国家的大蒜主要从中国进口。近几年，越南从中国进口大蒜主要以边贸交易为主。

表3－10　世界大蒜主要进口国家情况

单位：万吨、万美元

	2011年		2012年		2013年		2014年		2015年		2016年	
	进口量	进口额	进口量	进口额	进口量	进口额	进口量	进口额	进口量	进口额	进口量	进口额
印度尼西亚	41.9	27280	41.5	24230	41.99	36860	49.11	34960	47.99	34270	44.43	43610
巴西	16.36	24940	15.78	18710	17.68	21970	16.72	17150	16.18	17600	17.3	32850
越南	14.75	19370	13.93	11240	16.27	12470	…	…	…	…	…	…
马来西亚	8.79	9360	9.12	9460	9.50	8570	9.83	7930	11.57	12400	13.88	23510
美国	7.23	11470	7.47	14430	7.3	19100	8.06	14420	8.76	18300	8.73	22160
俄罗斯	5.83	7130	4.39	5710	5.17	7000	5.21	6620	5.26	7100	5.12	7910
巴基斯坦	4.83	5960	2.85	1850	4.78	3320	5.78	4510	3.15	5860	5.14	9320
孟加拉国	4.41	4420	2.23	2070	6.45	3790	…	…	5.53	5330	…	…
沙特阿拉伯	3.86	3320	3.67	3290	3.84	3110	4.29	3030	4.67	4040	…	…
合计	107.96	113250	100.94	90990	112.98	116190	99	88620	103.11	104900	94.6	139360

数据来源：FAO数据库（http：//www.fao.org/faostat/en/#data/QC）、联合国国际贸易数据库（The United Nations commodity trade statistics database）。

第四章　中国大蒜生产与效益

一、中国大蒜生产区域分布

中国有悠久的大蒜栽培历史，且种植区域广泛。2016 年中国大蒜种植总面积为 810 千公顷，形成了以山东、江苏、河南和河北为主要产区、辐射全国的大蒜产业格局。

我国大蒜主产区集中在山东济宁，河南开封中牟，江苏徐州、邳州一带，每年 5 月前后上市。其中，山东省金乡县大蒜生产加工和出口均居中国第一位，素有“中国大蒜之乡”的美誉。2016 年，金乡及其周边大蒜种植面积约 200 万亩。山东省的临沂和莱芜也有较大面积的大蒜种植区域。临沂地区约 35 万亩，莱芜地区 20 万亩；河南是我国大蒜第二大产区，2016 年种植面积为 118 万亩，主要集中在杞县、中牟等地；江苏省邳州市及周边是我国大蒜第三大产地，2016 年种植面积为 44 万亩。除此之外，安徽亳州、怀远，河北永年，陕西武功、兴平，辽宁海城，云南大理等地都也逐渐形成了规模化大蒜种植。

2016 年种植面积在全国前五位的省份是山东、河南、江苏、河北、广西，产量排名前五位的省份是山东、河南、江苏、四川、广西（见表 4 - 1）。四川省自然资源条件适合大蒜种植，大蒜单产较高。

表 4 - 1　2016 年大蒜主产省份种植面积和产量

单位：千公顷，万吨

地区	种植面积	产量
全国	810. 00	1500. 00
山东	247. 33	515. 00
河南	132. 84	358. 35
江苏	106. 67	234. 70
河北	32. 56	58. 61
广西	26. 80	60. 30
湖南	20. 73	46. 20

续表

地区	种植面积	产量
安徽	16.00	43.00
福建	15.94	29.29
云南	13.67	39.15
陕西	4.67	9.10
四川	23.80	65.20
辽宁	3.67	7.16

资料来源：福建来源于福州市问卷数据，广西、江苏来源于问卷数据，河北根据《河北农村统计年鉴》（2008～2015年）数据推算，河南根据《河南统计年鉴》（2008～2015年）数据推算，辽宁、四川、甘肃、陕西数据来自中国农科频道、金农网、豆丁网。

二、中国大蒜生产规模

（一）大蒜种植面积稳步增长

2008～2017年，中国大蒜种植面积波动不大，保持在800千公顷左右。2008年，大蒜种植面积是815.2千公顷，2011～2016年，大蒜种植面积由788.3千公顷增加到810千公顷，增长了21.7千公顷，2017年，大蒜种植面积960千公顷，比2016年增长了150千公顷（见表4－2）。

2008～2009年大蒜价格过低严重挫伤了蒜农的种植积极性，2010年大蒜种植面积急剧下降。2010年大蒜价格飞速上涨，达到7.2元/斤，2011～2017年大蒜种植面积缓慢增加。

表4－2 2008～2017年中国大蒜种植面积

单位：千公顷

年份	种植面积
2008	815.20
2009	772.80
2010	778.60
2011	788.30
2012	794.70
2013	782.62
2014	791.41
2015	801.00

续表

年份	种植面积
2016	810.00
2017	960.00

数据来源：2008～2013 年数据来源于《中国农村统计年鉴》，2014～2017 年数据来源于国家特色蔬菜产业技术体系产业经济研究室根据问卷调查整理。

（二）大蒜总产量波动上升

2008～2017 年大蒜总产量呈波动上升趋势。2008 年大蒜总产量 1828.2 万吨，2010 年大蒜总产量 1366.4 万吨，减少 461.8 万吨，减少了 33.8%，大蒜总产量显著下降。一方面，受到 2008～2010 年全球金融危机的影响；另一方面，2008 年和 2009 年大蒜价格过低严重挫伤了蒜农种植积极性，全国大蒜种植面积和单产大幅下降，导致 2010 年我国大蒜总产量明显下降。2010 年，大蒜总产量 1366.4 万吨，2014 年是 2500.8 万吨，2014 年比 2010 年增加了 1133.6 万吨，增长了 82.96%。2015 年大蒜总产量是 2000 万吨，2016 年是 1500 万吨，2016 年比 2015 年减少了 500 万吨，这是受 2015 年年底雨雪、寒潮天气影响，国内多数大蒜产区出现不同程度减产。2017 年大蒜总产量是 1990 万吨，比 2016 年增加了 490 万吨，增长了 32.67%，这是受 2016 年蒜价高企影响，多数大蒜主产区种植面积增加，导致总产量提高（见表 4－3）。

表 4－3　2008～2017 年中国大蒜总产量

单位：万吨

年份	总产量
2008	1828.2
2009	1796.7
2010	1366.4
2011	1842.9
2012	1931.0
2013	1922.7
2014	2500.8
2015	2000.0
2016	1500.0
2017	1990.0

数据来源：2008～2013 年数据来源于《中国农村统计年鉴》，2014～2017 年数据来源于国家特色蔬菜产业技术体系产业经济研究室根据问卷调查整理。

（三）大蒜单产水平呈 N 形波动趋势

2008～2017 年，我国大蒜单产水平呈 N 形波动趋势。2008 年我国大蒜单产为 1.50 吨/亩，

2017 年为 1.38 吨/亩，2010 年单产为 1.17 吨/亩，单产相对于 2008 年和 2009 年明显下降，主要原因是，2008 年和 2009 年大蒜价格过低严重挫伤了蒜农种植积极性，导致蒜农疏于田间管理，对大蒜的生产投入减少。2011 ~2014 年，大蒜单产由 1.56 吨/亩增长到 2.11 吨/亩，大蒜单产持续增长。2014 ~2016 年，大蒜单产又出现下降趋势，经过“蒜你狠”周期，大蒜价格持续下跌，蒜农减少投入。2016 ~2017 年，大蒜单产缓慢增加，由 1.23 吨/亩增加到 1.38 吨/亩，增长了 10.87%，主要原因是 2016 年大蒜价格再次暴涨，种植农户增加投入提高了单产（见表 4 –4）。

表 4 –4　2008 ~2016 年中国大蒜单产

年份	吨/公顷	吨/亩
2008	22.43	1.50
2009	23.25	1.55
2010	17.55	1.17
2011	23.38	1.56
2012	24.30	1.62
2013	24.57	1.64
2014	31.60	2.11
2015	24.97	1.66
2016	18.52	1.23
2017	20.73	1.38

数据来源：国家特色蔬菜产业技术体系产业经济研究室根据中国大蒜总产量和种植面积数据测算整理。

三、中国大蒜生产集中度分析

本报告中生产集中度使用 CR_n 指标测算，利用全国大蒜种植面积、产量排名前 n 位的主产省份的合计数占全国总种植面积、总产量的比重计算。

2016 年全国大蒜种植总面积为 810 千公顷，种植面积排名前四的省份分别是山东省、河南省、江苏省和河北省，四个省份种植面积总和为 519.4 千公顷，测算的 CR_4 数值为 64.12%。对比 CR_8（74.9%），仅比 CR_4 高 10.78 个百分点，说明大蒜种植面积主要集中在这四个省份（见表 4 –5）。

2016 年全国大蒜总产量为 1500 万吨，产量排名前四的省份是山东省、河南省、江苏省、四川省。排名前 4 位主产省份的产量总和为 1166.66 万吨，CR_4 为 77.78%，产量集中度较高，基本上垄断了中国大蒜市场。

表 4－5　2016 年全国大蒜生产集中度（种植面积）

单位：千公顷，%

排名前 n 的省份	第 n 位省份大蒜种植面积	排名前 n 位省份大蒜种植面积总和	全国种植面积	CR_4 数值
1 山东省	247.33	247.33	810	64.12
2 河南省	132.84	380.17		
3 江苏省	106.67	486.84		
4 河北省	32.56	519.4		

数据来源：国家特色蔬菜产业技术体系产业经济研究室根据各地问卷数据整理计算。

表 4－6　2016 年全国大蒜生产集中度（产量）

单位：万吨，%

排名前 n 的省份	第 n 位省份大蒜产量	排名前 n 位省份大蒜产量总和	全国总产量	CR_4 数值
1 山东省	515	515	1500	77.78
2 河南省	358.35	873.35		
3 江苏省	234.77	1108.12		
4 四川省	65.2	1173.32		

数据来源：国家特色蔬菜产业技术体系产业经济研究室根据各地问卷数据整理计算。

四、中国大蒜生产成本与收益分析

大蒜的成本与收益状况与大蒜在国际市场上的竞争力和蒜农收入密切相关。通过对全国大蒜平均成本与收益分析、主产片区大蒜成本与收益分析、不同加工程度的大蒜成本与收益分析以及与其他作物成本收益比较，分析我国大蒜生产成本收益的变动规律，为我国大蒜生产发展提供决策依据。

（一）大蒜生产成本构成

在农产品成本与收益核算中，人工成本中包括雇工费用和家庭用工折价；土地成本中包括流转地租金和自营地折租。本报告中的成本不包含家庭用工折价和自营地折租这两部分机会成本，因此净利润率偏高。本书主要采用现金收益、现金成本作为评价指标。

现金成本＝物质与服务费用＋雇工成本＋土地流转租金

现金收益＝产品产值－现金成本

现金成本收益率＝现金收益/现金成本×100%

（二）数据来源

本报告使用的大蒜成本与收益数据来自 2017 年国家特色蔬菜产业经济岗收回的体系内各基地调研问卷，其中，2016 年数据有效样本容量为 80，2017 年数据有效样本容量为 111。大蒜与其他作物成本与收益比较中；成本与收益指标以 2017 年产地平均价格计算得出。

（三）成本与收益分析

1. 全国大蒜平均生产成本收益分析

根据国家特色蔬菜产业经济岗收回的各基地调研问卷，2017 年大蒜有效问卷 111 份，分析问卷数据显示，2017 年全国大蒜每亩产量为 1143.74 公斤，与 2016 年相比降幅为 4.66%。同时，每亩现金收益也有较大滑坡，2017 年全国亩均大蒜现金收益为 2328.46 元，比 2016 年下降 44.86%。

2016 ~ 2017 年，全国大蒜的亩均现金成本出现了较大规模的上升，从 3756.57 元增加至 4190.93 元，增幅高达 11.56%。在各成本构成中，雇工费用增幅最大，达到了 29.32%，物质与服务成本增幅最小，为 4.56%。全国大蒜每 50 千克平均售价出现了下滑，由 332.58 元降至 285 元，降幅 14.3%（见表 4 - 7）。

表 4 - 7　2016 ~ 2017 年大蒜全国生产成本与收益情况（亩均）

	2016 年	2017 年	2017 年同比增加（%）
每亩主产品产量（千克）	1199.65	1143.74	-4.66
每亩主产品产值（元）	7979.50	6419.39	-18.30
每亩现金成本收益率（%）	112.41	55.56	-50.58
每亩现金收益（元）	4222.93	2328.46	-44.86
每亩现金成本（元）	3756.57	4190.93	11.56
每亩物质与服务成本（元）	2250.66	2353.35	4.56
每亩雇工费用（元）	925.02	1196.23	29.32
每亩土地流转租金（元）	580.88	641.35	10.41
每 50 千克主产品平均出售价格（元）	332.58	285.00	-14.30

数据来源：2017 年 12 月国家特色蔬菜产业技术体系产业经济研究室调研整理各基地问卷数据得出，2016 年数据有效样本容量为 80，2017 年数据有效样本容量为 111。

全国大蒜种植成本构成比例中，每亩物质与服务成本占比最高，在 62% 左右，其次为每亩雇工费用约占 22%。2016 ~ 2017 年各类成本占比较为稳定（见表 4 - 8）。

表 4 - 8　2016 ~ 2017 年全国大蒜生产各类成本占比

单位：%

成本	2016 年	2017 年
每亩物质与服务成本	62.08	61.19
每亩雇工费用	21.03	22.92
每亩土地流转租金	16.89	15.89

数据来源：根据 2017 年 12 月国家特色蔬菜产业技术体系产业经济研究室调研整理各基地问卷数据得出。

2. 主产片区大蒜成本收益分析

2017 年调研收回的 111 份大蒜有效问卷中，黄淮海片区、东北片区和西南片区分别收回 38 份、35 份和 20 份，占总有效问卷的比重是 83.78%，三个片区分别占总有效问卷的比重是 34.23%、31.53% 和 18.02%。其中，黄淮海片区问卷来自济宁试验站、莱芜试验站、德州试验站和郑州试验站，代表山东、河南大蒜生产情况；东北片区问卷来自石家庄、长春和哈尔滨试验站，代表河北和黑龙江大蒜生产情况；西南片区问卷来自大理和成都试验站，代表云南和四川大蒜生产情况，经过分析发现这与中国大蒜主产区相一致，本报告主要对这三个片区的成本与收益进行对比分析。

从产出水平看，黄淮海片区每亩主产品产量为 1204.32 千克，东北片区为 870.93 千克，西南片区为 1632.14 千克，黄淮海片区比东北片区高 38.28%，西南片区比东北片区高 87.4%，西南片区产量优势明显。

从产品价格看，黄淮海片区每 50 公斤产品平均出售价格为 224.08 元，东北片区价格为 287.6 元，西南片区价格为 316.84 元，黄淮海片区每 50 公斤产品平均出售价格比东北片区和西南片区分别低 22.09% 和 29.28%，西南片区具有一定价格优势。

从要素投入看，黄淮海片区、东北片区和西南片区每亩物质与服务成本分别为 2045.84 元、1505.26 元和 4003.25 元，西南片区要素投入高，比黄淮海片区和东北片区分别高 48.9%、62.4%。每亩土地流转租金和雇工费用都是西南片区较大，东北片区成本优势明显。

从成本收益看，由于东北片区成本较低，因此东北片区成本收益率为 84.49%，明显高于黄淮海片区和东北片区，并高于全国平均水平（见表 4-9）。

表 4-9　2017 年主产区与全国大蒜的成本与收益

	黄淮海片区	东北片区	西南片区	全国
每亩主产品产量（千克）	1204.32	870.93	1632.14	1143.74
主产品产值（元）	5397.16	5009.56	10342.45	6419.39
每亩现金成本收益率（%）	42.59	84.49	37.96	55.56
每亩现金收益（元）	3785.16	2715.33	7496.70	2328.46
每亩现金成本（元）	3251.83	2099.54	6601.25	4190.93
每亩物质与服务成本（元）	2045.84	1505.26	4003.25	2353.35
每亩雇工费用（元）	1205.99	594.29	2598.00	1196.23
每亩土地流转租金（元）	533.33	615.79	895.45	641.35
每 50 公斤主产品平均出售价格（元）	224.08	287.60	316.84	285.00

数据来源：根据 2017 年 12 月国家特色蔬菜产业技术体系产业经济研究室调研整理各基地问卷数据得出。

3. 不同加工程度大蒜的成本收益分析

大蒜根据蒜皮的干湿程度分为干蒜和湿蒜，干蒜的皮和瓣都比较干爽，干蒜水分在8%左右；湿蒜是指皮和瓣都比较湿润，鲜蒜的水分一般在30%~45%，湿蒜在地方也称鲜蒜。湿蒜在通风不潮湿的环境中经过加工可变成干蒜。《中国海关年鉴》中以“蒜头”表示“大蒜”。

根据生长阶段不同，分为大蒜、蒜薹和蒜苗。大蒜是根，蒜苗是长出的叶，蒜薹是中间抽出的芯。根据大蒜品种不同，大蒜主产品分为蒜头和蒜薹，其中山东金乡大蒜主产品是蒜头，副产品是蒜薹；河南苍山大蒜的主产品是蒜薹，副产品是蒜头。

由于加工程度不同，干蒜与湿蒜的产量和售价均有差别，本报告分别对干蒜和湿蒜进行了典型问卷调查，调查显示，干蒜的平均亩产1367千克，平均每千克出售价格5元，平均每亩总成本为4818元（见表4－10）。地域因素对干蒜的产量、价格及成本影响不大。

表4－10　2017年干蒜成本与收益

调查内容	单位	河南浚县（合作社）	山东莱芜（农户）	山东金乡（农户）	平均
一、成本与收益					
1. 每亩主产品产量	千克	1500	1400	1200	1367
2. 每亩副产品产量		—	430	300	365
3. 总产值	元	7500	7105	7800	7468
主产品（蒜头）产值	元	7500	5600	7200	6767
副产品（蒜薹）产值	元	—	1505	600	1052.5
4. 平均出售价格					
主产品（蒜头）价格	元/公斤	5	4	6	5
副产品（蒜薹）价格	元/公斤	—	3.5	2	2.75
5. 总成本	元	4655	4660	5140	4818
6. 净产值	元	4865	4855	5960	5227
7. 纯收益	元	2845	2445	2660	2650
8. 成本纯收益率	%	61.12	52.47	51.75	55.11
9. 现金成本	元	3235	3660	2440	3112
10. 现金收益	元	4265	3445	5360	4357
二、物质与服务费用	元	2635	2250	1840	2242
三、人工成本	元	1320	1410	1800	1510
四、土地成本	元	700	1000	1500	1067

资料来源：国家特色蔬菜产业技术体系产业经济研究室根据对郑州、莱芜的调查问卷整理所得。

各地湿蒜的平均亩产量为2200千克，平均每千克出售价格为2.37元，各地产量及出售价格基本持平（见表4－11）。各地成本收益率相差较大，主要原因在于成本差异较大。

表 4 –11　2017 年湿蒜成本与收益

调查内容	单位	安徽铜陵（农户）	河南开封宋城（农户）	广西（农户）	平均
一、成本与收益					
1. 每亩主产品产量	千克	2300	1800	2500	2200
2. 每亩副产品产量		—	200	—	200
3. 总产值	元	4600	5200	6250	5350
主产品（蒜头）产值	元	4600	4800	6250	5217
副产品（蒜薹）产值	元	—	400	—	400
4. 平均出售价格					
主产品（蒜头）价格	元/千克	2	2.6	2.5	2.37
副产品（蒜薹）价格	元/千克	—	2	—	2
5. 总成本	元	2600	3813	2420	2944
6. 净产值	元	3300	3527	5530	4119
7. 纯收益	元	2000	1387	3830	2406
8. 成本纯收益率	%	76.92	36.38	158.26	90.52
9. 现金成本	元	1800	1673	720	1398
10. 现金收益	元	2800	3527	5530	3952
二、物质与服务费用	元	1300	1673	820	1264
三、人工成本	元	700	1440	1200	1113
四、土地成本	元	600	700	500	600

资料来源：国家特色蔬菜产业技术体系产业经济研究室根据对合肥、郑州、贺州的调查问卷整理所得。

干蒜和湿蒜的成本收益率分别为 55.11% 和 90.52%，干蒜的成本收益率明显低于湿蒜，其主要原因是干蒜的每亩总成本比湿蒜高 1874 元，其中物质与服务费用偏高 978 元，人工成本偏高 397 元，过高的成本导致加工价值没有被充分体现。

4. 大蒜与其他作物成本收益的比较

大蒜价格波动较其他蔬菜价格波动幅度大，例如 2016 年 9 月至 2017 年 9 月全国批发市场最高价格为 14.66 元/千克，最低价格为 6.6 元/千克。价格波动对成本与收益指标的影响显著（见表 4 –12）。

表 4 –12　2017 年重要农产品成本与收益指标对比

单位：元/亩·年，千克/亩，元/千克，%

成本与收益指标	产值	总成本	纯收益	产量	现金收益	单位产品成本	成本纯收益率	投入产出比
生姜	25750	9000	13737	3875	20887	2.32	188.35	2.86
茄子	8942.23	5986.68	2955.55	4132.38	5800.38	1.45	49.37	1.49
西红柿	10752.3	6382.31	4369.99	4835.74	4501.68	1.32	68.47	1.68
大蒜	7468.33	4818.33	2650	1366.67	4356.67	3.47	55.11	1.42

续表

成本—收益指标	产值	总成本	纯收益	产量	现金收益	单位产品成本	成本纯收益率	投入产出比
苹果	7490.4	5362.06	218.34	2078.95	4339.18	2.58	39.69	1.40
黄瓜	11971.84	6297.18	3209.46	4765.3	3647.16	1.32	50.97	1.90
大葱	5267	3678	1589	4460	3609	0.82	59	1.24
露地菜花	5244..99	3130.04	2114.95	2017.46	3060.46	1.55	67.57	1.68
露地豆角	5986.29	3551.65	2434.64	2040.44	2509.84	1.74	68.55	1.69
烤烟	3857.14	3578.57	278.57	144.03	2430.46	24.85	7.78	1.08
露地大白菜	3369.86	2587.72	782.14	4819.23	1733.82	0.54	30.23	1.30
露地萝卜	4013.16	2426.16	1587	4351.29	1522.46	0.56	65.41	1.65
露地马铃薯	1933.52	1484.42	449.1	1614.63	1103.39	0.92	30.25	1.30
稻谷	1377.52	1202.12	175.4	492.64	784.14	2.44	14.59	1.15
两种油料平均	1070.72	1152.39	−81.67	188.1	706.29	6.13	−7.09	0.93
小麦	1001.71	984.3	17.41	420.79	542.89	2.34	1.77	1.02
玉米	949.54	1083.72	−134.18	488.81	522.95	2.22	−12.38	0.88
棉花	1366.89	2288.44	−921.55	92.82	493.72	24.65	−40.27	0.60
大豆	559.62	674.71	−115.09	138.35	265.07	4.88	−17.06	0.83

资料来源：《全国农产品成本收益汇编2016》，国家特色蔬菜产业技术体系产业经济研究室根据2017年收回的基地调研问卷计算整理。

（1）产值比较。

从产值情况看，大蒜的产值基本与苹果、露地菜花产值基本持平，均属于高产值的经济作物。产值排名看，大蒜第四。

（2）生产效益分析。

效益是指经济活动中劳动消耗和物质消耗与劳动成果的比较。本书主要采用每亩投入产出比例和每亩成本利润率这两个指标来衡量生产效益。

投入产出比 = 亩产出/亩投入

投入是生产物品和劳务过程中所使用的物品或劳务的总称，又称生产要素，可以被划分为三大基本范畴：土地、劳动和资本。通常，一个经济体系在现有经济条件下使用其现有技术将投入转换为产出。本报告选取亩产值计为产出，总成本作为投入。粮食作物的投入产出比在0.6～1之间，一般经济作物的投入产出比在1～1.69之间。大蒜投入产出比高于苹果等经济作物。

成本纯收益率 = 纯收益 ÷ 总成本 ×100% = （产值合计 − 总成本） ÷ 总成本 ×100%

其中，总成本包含了生产成本与土地成本，生产成本由物质与服务费用以及人工成本构成，土地成本又包括流转土地租金和自营土地折租。从平均情况看，大蒜在经济作物中处于中上水平，排名第七。

（3）现金收益比较。

2017 年国家特色蔬菜产业经济岗实地调研中大蒜绝大部分为农户种植，现金收益指标体现农民种植的收益情况。根据 2017 年价格计算，大蒜现金收益排名第四位，种植大蒜农民收益较高。

大蒜的单位产品成本为 3.47 元/千克，2011～2017 年大蒜平均价格为 6.52 元/千克，则平均每千克大蒜农民可获利 3.05 元。大蒜每亩平均产量为 1366.67 千克，则每亩现金收益为 4168.34 元。

（4）成本比较。

比较大蒜与其他作物的总成本，大蒜的总成本高于大部分经济作物，物质与服务成本高于人工成本（图 4－1）。

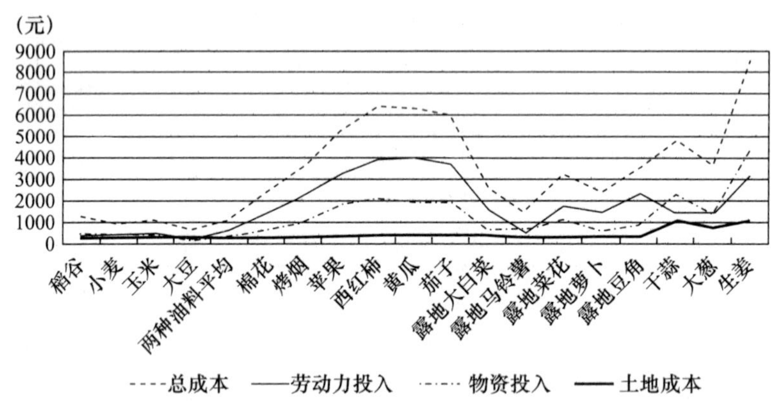

图 4－1　大蒜与主要农产品成本构成

资料来源：《全国农产品成本收益汇编 2016》，国家特色蔬菜产业技术体系产业经济研究室根据问卷计算整理。

第五章 中国大蒜贸易

一、大蒜贸易总体规模

从大蒜整体出口量和出口额来看，1992～2016 年，我国大蒜出口规模处于快速上升状态（见表 5－1）。1992 年中国大蒜出口量为 128200.5 吨，2016 年增加到 1530718.6 吨，增长了 1402518.1 吨，增长了 11.94 倍。1992 年中国大蒜出口额 6762.0 万美元，2016 年增加到 264471.4 万美元，增长了 257709.3 万美元，增长了 39.11 倍。大蒜出口量的增加幅度远低于出口额的增加幅度，可见中国大蒜价格是持续上涨的。

从大蒜整体进口量和进口额来看，1992～2016 年，中国大蒜进口规模波动剧烈。1992 年中国大蒜进口量和进口额分别为 56.5 吨和 12.7 万美元，1993 年极速增长到 1033.5 吨和 65.5 万美元，进口量增长了 18.28 倍，进口额增长了 5.15 倍，大蒜进口量的增加幅度远高于进口额的增加幅度。1994～1998 年进口量和进口额断崖式下降，1995 年进口量和进口额跌到最低值，分别为 1.1 吨和 0.1 万美元。1999 年进口量快速上升到 261.9 吨，比 1998 年上升了 19.12 倍，但是进口额仅上升 4.4 倍，进口量增加幅度远高于进口额增加幅度。2000～2004 再次出现下降，2004 年比 1999 年进口量和进口额分别下降了 15.50 倍和 1.74 倍，2005 年进口量和进口额快速上升，分别上升了 25.38 倍和 13.09 倍，2006～2010 年呈波动下降趋势，2010 年大蒜出现“蒜你狠”现象影响进口，2013 年再次出现断崖式下跌，2013～2015 年大蒜持续走低，2015 年仅进口 0.42 吨，2016 年急速上升，进口量上升到 126.4 吨，进口额上升到 30.5 万美元。

表 5－1 1992～2016 年中国大蒜进出口

年份	出口量（吨）	出口额（万美元）	进口量（吨）	进口额（万美元）
1992	128200.5	6762.0	56.5	12.7
1993	320063.6	11063.7	1033.5	65.6
1994	168543.9	7561.6	1.2	0.2
1995	141092.5	7998.1	1.1	0.1
1996	145310.5	9241.4	6.4	1.3

续表

年份	出口量（吨）	出口额（万美元）	进口量（吨）	进口额（万美元）
1997	163514.6	9828.5	3.8	0.7
1998	157567.1	8450.1	13.7	0.9
1999	290846.9	10680.6	261.9	4.0
2000	383859.8	13629.2	66.3	3.8
2001	546417.7	20709.5	49.5	4.0
2002	1049392.0	34467.7	34.2	1.6
2003	1142236.8	35490.3	42.1	4.3
2004	1127833.0	41916.5	16.9	2.3
2005	1155565.8	56247.9	429.0	30.1
2006	1224242.6	80075.1	274.3	20.1
2007	1438151.9	87210.6	267.5	15.7
2008	1535586.3	63809.3	330.6	13.3
2009	1595607.9	108630.8	107.6	11.7
2010	1365186.8	231890.3	—	—
2011	1663983.7	206829.4	—	—
2012	1413651.3	138758.9	—	—
2013	1625937.6	139739.6	1.9	0.6
2014	1752100.4	147319.3	0.1	0.1
2015	1754047.0	186088.7	0.04	0.1
2016	1530718.6	264471.4	126.4	30.5

数据来源：联合国国际贸易数据库（The United Nations commodity trade statistics database）。进口数据中2010～2012年没有统计数据，1992～2009年数据库中输入Garlic编码070320显示为Garlic，fresh/chilled，2013－2016年数据库中输入Garlic编码070320显示为Vegetables，alliaceous；garlic，fresh or chilled；出口数据中，1992－2012数据库中输入Garlic编码070320显示为Garlic，fresh/chilled，2013～2016年数据库中输入Garlic编码070320显示为Vegetables，alliaceous；garlic，fresh or chilled。

二、中国大蒜出口市场分析

中国大蒜是出口大国，进口较少，在市场分析中，只分析中国大蒜出口市场。

中国出口量前五位的国家有印度尼西亚、越南、马来西亚、巴西、菲律宾（见表5－2），出口额前五位的国家有印度尼西亚、越南、马来西亚、巴西、阿联酋（见表5－3）。由出口量和出口额前五位国家可以看出，印度尼西亚、越南、马来西亚、菲律宾和阿联酋等“一带一路”沿线国家均占中国出口量和出口额的80%。2014～2016年，中国大蒜出口到“一带一路”沿线国家的出口量和出口额比例均在60%以上，是中国大蒜出口的主要国家。

中国最重要的大蒜出口国家是印度尼西亚，2014～2016年，中国对印度尼西亚的大蒜出口量均占总大蒜出口量的30%左右，出口额占总额的25%左右。近年来，中国对印度尼西亚的大蒜出口比重仍缓慢上升，出口量占比从2014年的29.64%升至2016年的30.34%，出口额占比从2014年的24.96%增加至2016年的27.29%（见表5－2、表5－3）。印度尼西亚也是“一带一路”的重要沿线国家之一，中国对印度尼西亚的海上贸易较为便捷。印度尼西亚在中国大蒜出口贸易中所占比重，还将继续增长。

表5－2　2014～2016中国大蒜出口主要国家总量及比例

单位：万吨，%

	2014年		2015年		2016年	
	出口量	占总出口量比重	出口量	占总出口量比重	出口量	占总出口量比重
印度尼西亚	49.609	29.642	47.693	28.459	44.04	30.339
越南	17.274	10.321	16.154	9.639	14.979	10.319
马来西亚	9.877	5.902	10.916	6.514	11.556	7.961
巴西	10.252	6.126	10.604	6.328	8.64	5.952
菲律宾	6.717	4.013	6.806	4.061	6.214	4.281
阿联酋	4.449	2.659	5.781	3.449	5.888	4.057
巴基斯坦	6.139	3.668	6.848	4.086	4.781	3.294
俄罗斯	4.294	2.566	4.602	2.746	4.197	2.891
沙特阿拉伯	3.843	2.296	4.171	2.489	4.141	2.853
韩国	0.413	0.247	2.428	1.449	3.28	2.259

数据来源：《中国海关年鉴》（2007～2014年）、中国海关信息网。

表5－3　2014～2016年中国大蒜出口主要国家总额及占总出口额比重

单位：万美元，%

	2014年		2015年		2016年	
	出口额	比重	出口额	比重	出口额	比重
印度尼西亚	31500	24.96	41280	24.1	66940	27.29
越南	20030	15.87	19160	11.18	23570	9.61
马来西亚	6900	5.47	9850	5.75	18060	7.36
巴西	8200	6.49	12020	7.02	17170	7
菲律宾	4160	3.29	5390	3.15	8190	3.34
阿联酋	3750	2.97	7300	4.26	11210	4.57
巴基斯坦	4110	3.25	7330	4.28	8640	3.52
俄罗斯	3230	2.56	4480	2.61	6940	2.83
沙特阿拉伯	2900	2.3	4540	2.65	7720	3.15
韩国	320	0.25	3240	1.89	7070	2.88

数据来源：《中国海关年鉴》（2007～2014年）、中国海关信息网。

据联合国粮农组织统计，2011～2016年，世界大蒜进口量和进口额相对比较稳定，大蒜进口贸易国主要有印度尼西亚、巴西、越南、马来西亚、美国、俄罗斯、巴基斯坦、孟加拉国、沙特阿拉伯（见表5－4），其中，印度尼西亚、越南、马来西亚、俄罗斯、巴基斯坦、孟加拉国、沙特阿拉伯属于"一带一路"沿线国家。

据中国海关信息网统计，2014～2017年，中国向"一带一路"国家出口国家主要有印度尼西亚、越南、马来西亚、阿联酋、俄罗斯、巴基斯坦和沙特阿拉伯（见表5－5）。

表5－4 2011～2016年世界大蒜主要国家进口情况

单位：万吨，万美元

国家	2011年		2012年		2013年		2014年		2015年		2016年	
	进口量	进口额	进口量	进口额	进口量	进口额	进口量	进口额	进口量	进口额	进口量	进口额
印度尼西亚	41.9	27280	41.5	24230	41.99	36860	49.11	34960	47.99	34270	44.43	43610
巴西	16.36	24940	15.78	18710	17.68	21970	16.72	17150	16.18	17600	17.3	32850
越南	14.75	19370	13.93	11240	16.27	12470	–	–	–	–	–	–
马来西亚	8.79	9360	9.12	9460	9.5	8570	9.83	7930	11.57	12400	13.88	23510
美国	7.23	11470	7.47	14430	7.3	19100	8.06	14420	8.76	18300	8.73	22160
俄罗斯	5.83	7130	4.39	5710	5.17	7000	5.21	6620	5.26	7100	5.12	7910
巴基斯坦	4.83	5960	2.85	1850	4.78	3320	5.78	4510	3.15	5860	5.14	9320
孟加拉国	4.41	4420	2.23	2070	6.45	3790	–	–	5.53	5330	–	–
沙特阿拉伯	3.86	3320	3.67	3290	3.84	3110	4.29	3030	4.67	4040	–	–
合计	107.96	113250	100.94	90990	112.98	116190	99	88620	103.11	104900	94.6	139360

数据来源：FAO数据库（http：//www.fao.org/faostat/en/#data/QC）、联合国国际贸易数据库（The United Nations commodity trade statistics database）。

表5－5 2014～2017年中国向"一带一路"沿线国家出口大蒜数量和出口额

单位：万吨，亿美元

国家	2014年		2015年		2016年		2017年	
	出口量	出口额	出口量	出口额	出口量	出口额	出口量	出口额
印度尼西亚	49.609	3.15	47.693	4.128	44.04	6.694	53.027	5.726
越南	17.274	2.003	10.321	1.916	14.979	2.357	19.253	3.107
马来西亚	9.877	0.69	5.902	0.985	11.556	1.806	14.248	1.604
菲律宾	6.717	0.416	4.013	0.539	6.214	0.819	6.764	0.764
阿联酋	4.449	0.375	2.659	0.73	5.888	1.121	5.750	0.731
巴基斯坦	6.139	0.411	3.668	0.733	4.781	0.864	5.194	0.525
俄罗斯	4.294	0.323	4.602	0.448	4.197	0.694	4.439	0.537
沙特阿拉伯	3.843	0.29	4.171	0.454	4.141	0.772	4.599	0.608

数据来源：中国海关信息网。

FAO、UN comtrade 和中国海关信息网数据中，印度尼西亚、巴基斯坦、俄罗斯、沙特阿拉伯四个国家数据完整。对比发现，中国出口到四个国家的大蒜占其进口量和进口额90%左右，"一带一路"沿线国家大蒜进口主要来源于中国。

三、中国大蒜贸易产品结构

（一）大蒜出口产品结构

目前，中国的蒜出口主要由大蒜、蒜薹及蒜苗（青蒜）及其他蒜产品三类构成。中国大蒜及大蒜制品出口的主要品种为鲜或冷藏的大蒜、干大蒜、用醋或醋酸制作或保藏的大蒜、盐水大蒜和冷冻大蒜，其中，鲜或冷藏的大蒜、冷冻大蒜、干大蒜是我国大蒜出口的"主力军"。

从出口量来看，2017 年鲜或冷藏的大蒜出口量占大蒜制品总出口量的 88.28%，干大蒜出口量所占比重是 10.97%，其他大蒜制品的总出口量所占比重还不到 1%（见图 5-1）。

近年来，鲜或冷藏的大蒜总体出口比例有波动呈下降趋势，干大蒜比例逐步稳定上升，说明中国大蒜出口结构正在逐步优化，但是优化速度有待加快，且大蒜出口产品仍以原料性产品和初级产品为主，缺乏多元化的产品和多元化的市场。

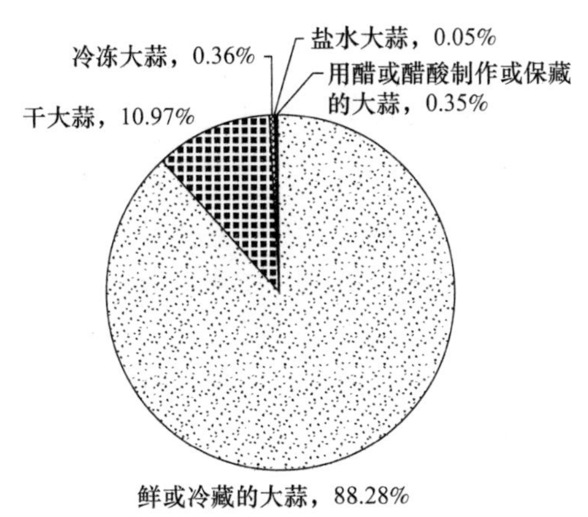

图 5-1　2017 年中国各类大蒜制品出口量所占比重

数据来源：中国海关信息网。

（二）大蒜制品出口规模

2008～2017 年，鲜或冷藏的大蒜的出口量和出口额均波动性缓慢上升（见图 5-2）。2008～2017 年，大蒜出口量从 153.56 万吨上升到 171.16 万吨，增幅 11.46%，出口额从 6.38 亿美元到 21.89 亿美元，增幅 243.1%，出口额增幅显著高于出口量增幅，说明中国鲜或冷藏的大蒜平均出口价格出现了大幅度增长，而出口价格上升可能源于国内大蒜生产成本和人工成本的上升。2010年和2016年，鲜或冷藏的大蒜出口量骤减，相对于前一年降幅分别为14.44%和12.73%，而出口额大幅度上涨，相对于上一年涨幅分别为113.54%和42.13%，正是因为2010年和2016年国内大蒜价格持续高企，国外大蒜市场需求量减少，但平均出口价格却相对较高。一般来说，国内大蒜价格高时，出口量会有所减少；国内价格低迷时，出口量会有所增加。但由于国际市场大蒜需求弹性系数较小，大蒜出口量没有出现大起大落。

图5－2　2008～2017年鲜或冷藏的大蒜的出口量和出口额

数据来源：《中国海关年鉴》（2008～2014年）、中国海关信息网。

从图5－3中可以看出，2008～2017年我国干大蒜的出口量和出口额基本是稳定上升状态，出口量从15.43万吨到21.27万吨，出口额从1.503亿美元到9.94亿美元，增幅分别为37.85%和561.34%，说明干大蒜的平均出口价格也在明显上涨。值得注意的是，2010年和2016年干大蒜的出口量没有受到国内大蒜价格高企的影响，无论是出口量还是出口额都出现了增长，出口量较上一年增幅分别为9.64%和0.65%，出口额较上一年增幅分别为136.58%和80%，出口额大幅度增长可能受到国内高价大蒜的影响。

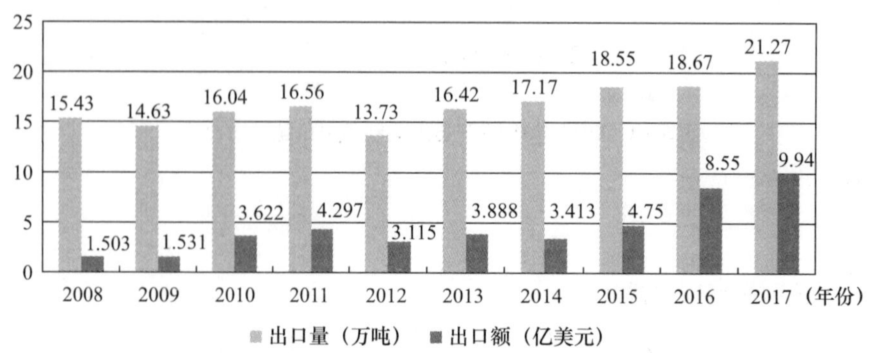

图5－3　2008～2017年干大蒜的出口量和出口额

数据来源：《中国海关年鉴》（2008～2014年）、中国海关信息网。

国内大蒜价格高企对鲜或冷藏的大蒜等原料性和初级产品的出口量有明显影响，而对于大蒜等加工产品的出口量影响不大，从侧面说明国际脱水蔬菜市场原料的紧缺和需求的旺盛。

三、大蒜国际竞争力分析

（一）数据来源

本报告采用大蒜主要出口国家的进出口贸易数据进行国际竞争力分析。

大蒜价格竞争力采用 2010～2016 年世界上大蒜主要出口国的平均出口价格进行比较。

大蒜的品质竞争力采用国际上常用的出口农产品质量升级指数进行评价，以 2010 年为基期，测算 2011～2016 年主要大蒜出口国的质量升级指数。

大蒜国际市场集中度采用 CR_8 指标，选取 2014～2016 年排名前 8 位国家的总出口量（总出口额）占全国该品种总出口量（总出口额）的比重进行测算。

（二）研究方法

国际竞争力分析常用指标为：国际市场占有率、贸易竞争力指数和显示比较优势指数。

国际市场占有率（MPR）是指一国某产品出口额占世界该产品出口总额的百分比。计算公式为 $MPR_{ij} = (X_{ij}/X_{wj}) \times 100\%$，式中，$MPR_{ij}$是 i 国第 j 种商品的国际市场占有率；$X_{ij}$是 i 国第 j 种商品的出口额；$X_{wj}$是世界第 j 种商品的出口额。它表示在国际市场竞争中，一国某产品所占据的“势力范围”。一般而言，国际市场占有率越高，国际竞争力就越强；反之则弱。本书对 MPR 和产品国际竞争力关系的界定为；若 $MPR > 20\%$，产品具有很强的出口竞争力；若 $10\% < MPR \leqslant 20\%$，产品具有较强的出口竞争力；若 $5\% < MPR \leqslant 10\%$，产品出口竞争力一般；若 $MPR \leqslant 5\%$，产品竞争力弱。

贸易竞争力指数，也称贸易专业化系数（TSC），是指在一定时期内，一国某产品出口额与进口额之差除以该产品进口额和出口额之和。计算公式为：$TSC_{ik} = (X_{ik} - M_{ik}) \div (X_{ik} + M_{ik})$，式中，$TSC_{ik}$代表 j 国 k 商品的贸易竞争指数，$X_{ik}$代表 j 国 k 商品的出口额，$M_{ik}$代表 j 国 k 商品的进口额。TSC 值在 -1 和 1 之间，一般条件下，贸易竞争指数大于零，表示该国该产品的生产效率高于国际水平，出口高于进口，具有竞争优势，越接近 1，表明竞争力越强。贸易竞争指数小于零则相反，越接近 -1，表明竞争力越弱。贸易竞争指数等于零则表示该国该产品的生产效率与国际水平相当，进出口相等，其进出口纯属进行国际品种交换。本报告对 TSC 和产品国际竞争力的关系界定为：若 $TSC > 0.9$，产品具有很强的国际竞争力；若 $0.7 < TSC \leqslant 0.9$，产品具有较强的竞争力；若 $0.5 < TSC \leqslant 0.7$，产品竞争力一般；若 $TSC \leqslant 0.5$，产品竞争力弱。

显示比较优势指数（RCA），是指一个国家某种商品出口占该国商品出口总值的份额与世界该种商品出口占世界商品出口总值的份额之比。计算公式为 $RCA_{ij}=(X_{ij}/X_{it})\div(X_{wj}/X_{wt})$，其中 RCA_{ij} 表示 i 国 j 产品的显示比较优势指数，X_{ij} 表示 i 国 j 产品出口额，X_{it} 表示 i 国所有产品出口总额，X_{wj} 表示世界 j 产品出口额，X_{wt} 表示世界所有产品出口总额。一般而言，某国某产品的 RCA 越高，表明该国该产品国际竞争力越强，RCA 越小，表明该国该产品国际竞争力越弱。本书对 RCA 和产品出口竞争力关系的界定为：若 RCA > 2.5，产品具有很强的国际竞争力；若 1.25 < RCA ≤ 2.5，产品具有较强的国际竞争力；若 0.7 < RCA ≤ 1.25 产品竞争力一般；若 RCA ≤ 0.7，产品竞争力弱。

大蒜价格竞争力中，世界上大蒜主要出口国的平均出口价格计算公式：某产品平均出口价格 = 该国某产品出口额/该国某产品出口量。

大蒜的品质竞争力中，出口农产品质量升级指数具体计算公式：$QC=(E_t/X_t)/(E_o/X_o)$

式中，QC 为质量升级指数，E_t、E_o 为报告期和基期的出口总额，X_t、X_o 为报告期和基期的出口数量。由于是以产品出口价格的变化反映质量变化，进而体现出口产品竞争力，因此该指标存在一定的片面性。

（三）大蒜的国际竞争力测算

1. 贸易竞争力指数、国际市场占有率和显示比较优势指数测算

世界主要大蒜出口国中，最具大蒜国际竞争力的国家分别是中国、西班牙、阿根廷。这三个国家的贸易竞争力指数、显示比较优势指数数值都非常高。中国大蒜出口的国际市场占有率在 70% 以上，排名第二的西班牙仅 10% 左右，中国大蒜出口的国际竞争力优势明显。

从贸易竞争力指数来看（见表 5－6），中国、阿根廷、西班牙的大蒜产品贸易竞争力指数都在 1 附近波动，表现出很强的竞争实力，印度除 2015 年以外，大蒜贸易竞争力指数也一直在 1 附近波动，国际竞争力也很强；而荷兰、法国和墨西哥大蒜产品贸易竞争力弱。

表 5－6　2014～2016 年世界主要大蒜出口国的贸易竞争指数比较

国家＼年份	2014	2015	2016
中国	1	1	0.9998
西班牙	0.9292	0.9387	0.9316
阿根廷	1	0.997	0.997
荷兰	0.1116	0.1904	0.2125
印度	0.9865	0.5203	0.9992
墨西哥	－0.3964	－0.433	－0.2928
法国	－0.3983	－0.2983	－0.2694

数据来源：根据 UN comtrade 数据库资料整理计算。

从国际市场占有率来看（见表5－7），2014～2016年中国大蒜产品的市场占有率都在70%以上，一直位于世界首位，具有很强的国际竞争力，西班牙的国际竞争力也较强，而阿根廷、荷兰、法国等其他国家大蒜产品的竞争力较弱。

表5－7　2014～2016年世界主要大蒜出口国的国际市场占有率比较　单位：%

国家＼年份	2014	2015	2016
中国	71.55	74.58	73.13
西班牙	10.76	10.78	11.5
阿根廷	5.23	3.35	4.47
荷兰	2.41	2.69	3
印度	0.37	0.15	0.55
墨西哥	0.54	0.53	0.59
法国	1.73	1.23	1.2

数据来源：根据UN comtrade数据库资料整理计算。

从显示比较优势指数来看（见表5－8），阿根廷、西班牙和中国3个国家大蒜产品表现出很强的国际竞争力，荷兰大蒜产品竞争力一般。

表5－8　2014～2016年世界主要大蒜出口国的显示比较优势指数比较

国家＼年份	2014	2015	2016
中国	5.6536	5.2928	5.1043
西班牙	6.2484	6.2547	5.9734
阿根廷	14.1421	9.5155	11.3376
荷兰	0.7818	0.9159	0.9882
印度	0.2152	0.0943	0.3076
墨西哥	0.252	0.2252	0.2322
法国	0.5639	0.4027	0.3597

数据来源：根据UN comtrade数据库资料整理计算。

2. 大蒜的价格竞争力

世界大蒜主要出口国中价格竞争力最强的是印度、墨西哥、中国、阿根廷。各国大蒜出口价格均有波动，除法国外，其他国家大蒜出口价格基本是先降后增，法国出口价格2010年以来持续下降，价格竞争力逐渐上升。

中国大蒜的出口价格一直处于低位，西班牙和荷兰大蒜价格是中国的2倍，法国大蒜价格是中国的3倍多，中国与阿根廷的大蒜价格差距最小，而墨西哥和印度大蒜价格要低于中国，说明世界大蒜市场上我国具有较强的价格优势（表5-9）。

表5-9　2010~2016年世界上大蒜主要出口国平均出口价格比较

单位：美元/吨

年份＼国家	中国	西班牙	阿根廷	荷兰	印度	墨西哥	法国
2010	1698.6	3293.8	2183.9	2971.1	1524.6	1025.4	4355.8
2011	1243.0	3241.4	2255.2	3133.5	937.4	1030.5	4599.1
2012	981.6	2240.9	1455.8	2553.7	408.2	1174.2	3830.4
2013	859.4	2069.9	1897.8	2710.7	383.2	1185.6	4158.4
2014	840.8	1779.5	1436.5	2378.0	460.9	924.0	3928.6
2015	1060.9	1803.0	1261.4	2103.1	515.6	985.0	3055.5
2016	1727.8	2556.6	2081.5	2839.0	918.6	1369.7	2967.4
平均值	1201.7	2426.4	1796.0	2669.9	735.5	1099.2	3842.2

数据来源：根据UN comtrade数据整理计算。

3. 大蒜品质竞争力

2016年大蒜出口质量升级指数由高到低依次是墨西哥、中国、荷兰、阿根廷。2011~2016年，中国大蒜出口质量升级指数有所提升，但提升速度不及墨西哥，且品质竞争力不稳定（见表5-10）。

表5-10　2011~2016年世界大蒜主要出口国质量升级指数比较

年份＼国家	中国	西班牙	阿根廷	荷兰	印度	墨西哥	法国
2011	0.7318	0.9841	1.0326	1.0547	0.6148	1.005	1.0559
2012	0.5779	0.6803	0.6666	0.8595	0.2677	1.1451	0.8794
2013	0.5059	0.6284	0.8690	0.9124	0.2513	1.1562	0.9547
2014	0.495	0.5403	0.6578	0.8004	0.3023	0.9011	0.9019
2015	0.6246	0.5474	0.5776	0.7079	0.3382	0.9606	0.7015
2016	1.0172	0.7762	0.9531	0.9555	0.6025	1.3358	0.6813

数据来源：根据UN comtrade数据整理计算。

4. 大蒜国际市场集中度分析

2014~2016年，世界大蒜总出口量分别为167.36万吨、167.59万吨和145.16万吨，测算出CR_8的数值分别为64.9%、65.28%和69.09%，市场集中度呈现小幅上升趋势（见表5-11）；从出口额角度计算大蒜的国际市场集中度，测算出CR_8指标的数值分别为64.88%、62.38%和65.83%（见表5-12），先降后升，总体升高，与出口量角度计算的市场集中度基本吻合，说明大蒜的出口市场结构和出口价格较稳定，没有出现出口市场扩张现象。

表 5－11　2014～2016 年中国大蒜的国际市场集中度（出口量）

单位：万吨，%

年份	排名前 8 位国家的总出口量	大蒜的总出口量	CR_8
2014	108. 611	167. 36	64. 90
2015	109. 404	167. 59	65. 28
2016	100. 295	145. 16	69. 09

数据来源：根据中国海关年鉴和中国海关信息网数据整理计算。

表 5－12　2014～2016 年中国大蒜的国际市场集中度（出口额）

单位：亿美元，%

年份	排名前 8 位国家的总出口额	大蒜的总出口额	CR_8
2014	8. 188	12. 621	64. 88
2015	10. 687	17. 131	62. 38
2016	16. 15	24. 534	65. 83

数据来源：根据中国海关年鉴和中国海关信息网数据整理计算。

第六章　中国大蒜价格波动分析

一、大蒜价格的波动特征

（一）大蒜价格波动总体轨迹描述

蔬菜价格根据流通环节的不同，分为生产者价格、批发价格和零售价格。在农产品交易过程中卖方往往较买方具有较低的市场地位和较弱议价能力，在与经销商博弈的过程中往往处于不利地位，导致生产者价格不能真实地反映商品的价值及商品的供求关系；批发价格指的是大型批发商在批发市场进行批量交易的价格，零售价格是零售商和消费者在农贸市场、超市等交易的价格，批发价格和零售价格能较好地反映农产品交易的市场规律。按照蔬菜价格波动的频率不同，分为年度价格、季度价格、月度价格、周度价格和日度价格，其中日度和周度指标是频率最高的指标，最能反映蔬菜价格的波动特征。

综合考虑到数据的时效性、频率和可得性的原则，本书最终用蒜头价格来代表大蒜的价格，并选择商务部网站 2004 年 1 月 2 日至 2017 年 12 月 29 日的大蒜周度批发价格作为原始时间序列数据。总共 731 个样本数据。

1. 大蒜月度价格走势

相关统计部门对蔬菜价格进行日均、周、月度、季度和年度的统计，考虑到大蒜价格波动季节波动性较明显，故对大蒜价格波动周期性的分析选取月度数据作为研究对象。本研究选取 2004 ~2017 年全国大蒜月度批发价格作为研究对象，大蒜价格总体波动轨迹如图 6 –1。

从 2004 年到 2017 年，大蒜价格整体呈波动上升趋势，经历了“蒜你狠”“蒜你贱”现象的交替出现。大蒜批发价格最低点出现在 2008 年 6 月，为 1. 3825 元/千克，最高点出现在 2017 年 1 月，达到 14. 61 元/千克，增幅为 956. 78% 。整体上看，大蒜价格基本上是 4 年出现一个波动周期，按照波峰 – 波谷的划分原则，2004 ~2017 年分为 2004 年 1 月至 2009 年 5 月、2009 年 6 月至 2011 年 7 月、2011 年 8 月至 2013 年 7 月和 2013 年 8 月至 2017 年 7 月四个阶段。

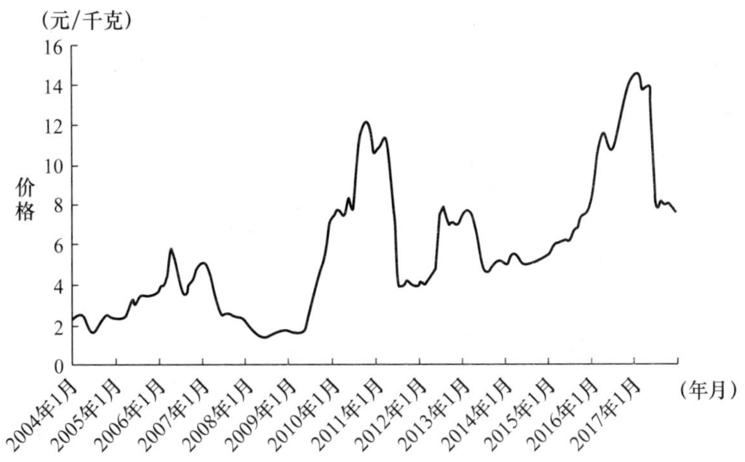

图 6-1　2004~2017 年全国大蒜月度批发价格

数据来源：中华人民共和国商务部网站（http：//cif. mofcom. gov. cn/cif/html/marketDatas/index. html？nfcpgnxh_224058）。

第一个阶段：2004 年 1 月至 2009 年 5 月。

2004 年、2005 年大蒜批发价格基本稳定，价格区间在 2 元/千克至 4 元/千克。2006 年 1 月到 2007 年 3 月经历了两次小幅震荡，价格浮动在 4 元/千克至 6 元/千克，2006 年 4 月大蒜价格一路上升至 5. 8475 元/千克，相比于 2004 年同期价格（2. 35 元/千克）增长了 148. 83%。2007 年 4 月大蒜价格下降到 3. 56 元/千克，与之前的正常水平基本持平。自此一直到 2009 年 5 月，大蒜价格一路持续走低，2008 年全年价格维持在 1. 5 元/千克左右，2008 年 6 月价格为 1. 3825 元/千克，突破了大蒜批发价格的历史最低值，与 2007 年同期价格（2. 44 元/千克）同比下降了 43. 34%。

第二个阶段：2009 年 6 月至 2011 年 7 月。

2008 年“蒜你贱”现象的出现直接导致了蒜农大量减少大蒜种植面积，供需不平衡意味着新一轮蒜价的上升。随着 2009 年 5 月新蒜季的来临，大蒜价格不降反升，从 1. 702 元/千克一路飙至 2010 年 2 月的 7. 7775 元/千克，价格上升高达 7 倍；2~6 月小幅波动后又迅速上升至 2010 年 10 月的 12. 142 元/千克，比上升前 2009 年 5 月价格增长了 613. 4%，2010 年大蒜批发价格首次突破了 12 元/千克，此次“蒜你狠”现象持续时间 17 个月。两年间大蒜价格居高不下，蒜农跟风种植，大蒜种植面积和产量持续增加，以至于 2010 年年底大蒜价格小幅回升后，2011 年 7 个月间价格从 10. 7575 元/千克一路跌至 3. 98 元/千克，下降幅度为 63%。

第三个阶段：2011 年 8 月至 2013 年 7 月。

经历了上一周期价格的暴涨暴跌，2011 年年底和 2012 年年初大蒜价格趋于稳定，基本处于 4 元/千克左右。从 2012 年 2 月开始，大蒜价格由 4. 035 元/千克快速上升至 7 月的 7. 9225 元/千克，增幅为 96. 34%；经过 2012 年年底一个小幅震荡后，从 2013 年 2 月的7.79元/千克又一路走低至7月的4.6225元/千克，降幅40.66%，此次价格波动幅度远远不及上一周期，价格浮动区间稳定在4~8元/千克，2012年7月的最高价格未突破8元/千克，持续时间为11个月。

第四个阶段：2013年8月至2017年7月。

在2013年8月至2014年6月将近一年的时间，大蒜价格小幅度波动，从4.766元/千克上升至4.995元/千克，价格稳定在5元/千克左右。从2014年7月大蒜价格开始回温，从5.105元/千克缓慢上升至2016年4月的11.67元/千克，增幅为128.6%，5、6月小幅下降后价格一路飙升，达到历史上大蒜批发价格最高值——2017年1月的14.61元/千克，相比于2013年8月价格增长幅度为206.55%；由于2016年蒜农增加种植面积，加上2017年迎来大蒜的丰收年，大蒜价格从2017年2月的14.4925元/千克直线下降到2017年7月的波谷，为7.8375元/千克，跌幅为45.92%。

此次大蒜价格波动特征与第二个阶段具有可比性，一是从波动幅度来看，第二个阶段的最高增幅为613.4%，最高跌幅为63%，本周期最高增幅为206.55%，跌幅为45.92%，不如第二个阶段波动剧烈；二是从波动的持续时间来看，第二个阶段历时17个月，本阶段真正是从2014年7月到2017年7月，历时36个月，比第二个阶段持续时间较长；三是大蒜价格暴涨暴跌之后仍保持高位，第二个阶段大蒜价格从1.702元/千克上升为3.98元/千克，增幅为133.84%，本阶段大蒜价格从5.105元/千克上升至7.8375元/千克，增幅为53.53%，波动结束，大蒜价格增幅小于第二个阶段。

2. 大蒜年均价格走势

根据图6-1中2004~2017年月度价格取算数平均值得到2004~2017年年均价格走势图，如图6-2所示。近14年来大蒜价格波动性较强，长期上升趋势不可逆。两次价格高峰出现在2010年和2016年，年均价格分别达到了9.55元/千克和11.78元/千克，较上一年增幅为177.62%和76.35%，正是“蒜你狠”现象最直观的表现；两次价格波谷出现在2008年和2014年，年均价格分别降到了1.66元/千克和5.26元/千克，较上一年环比下降47.8%和11%。由于受到2016年价格高企的持续影响，2017年大蒜年均价格也较高，为10.6元/千克。

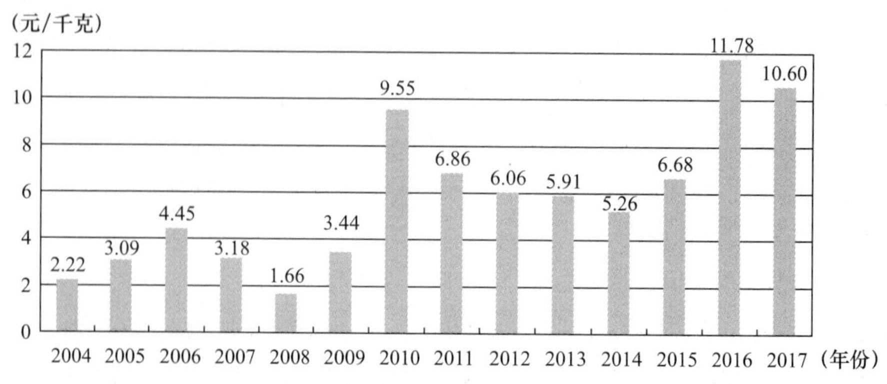

图6-2 2004~2017年全国大蒜年均价格走势

（二）大蒜价格波动特征的实证分析

大蒜价格时间序列数据来源于商务部网站，市场监测为 2004～2017 年全国大蒜周度批发价格，对每月周度价格加总取算术平均数得到 2004～2017 年全国大蒜月度批发价格，总共 168 个样本数据。

以月度或季度作为观测单位的时间序列通常受到趋势因素、循环因素、季节因素和不规则因素的共同影响，季节调整就是将经济时间序列的趋势成分和季节成分分解，将原始序列中的季节因素剔除，以得到时间序列的趋势。本书采用 Census－X12 模型的乘法模型对原始数据进行季节调整，进一步分析大蒜价格的季节波动、长期趋势、周期波动和不规则波动特征。

H－P（Hodrick－Prescott）滤波方法，是根据对称移动数据平均法原理，通过数学计算，将 X12 季节调整后趋势－循环曲线分离成一条长期趋势曲线和一条上下波动的周期线，从而探索时间序列趋势变动和周期变动的波动特征。本报告使用 Eviews 8.0 软件进行 X12 季节调整和 H－P 滤波处理，选择 λ 的取值为 14400。

1. 大蒜价格季节波动和不规则波动

X12 季节调整乘法模型的原理：Y（原始时间序列）＝TC（趋势－周期成分）×S（季节成分）×I（不规则成分），图 6－3 即为季节调整后得到的季节因子序列，它的取值在 1 附近上下波动，表明季节因素对大蒜月度批发价格的影响程度。

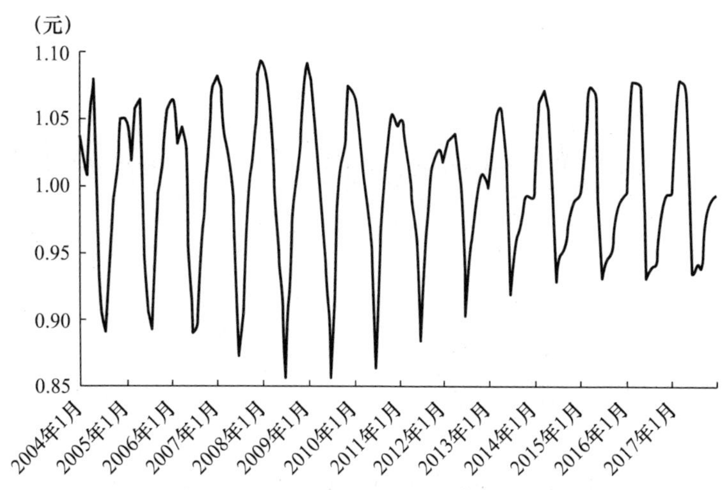

图 6－3　2004～2017 年全国大蒜价格的季节波动

从图 6－3 中可以看出，大蒜价格季节性波动特征显著，季节因子序列年内呈周期性变动趋势，2004～2005 年波峰出现在 4 月，2006～2009 年波峰出现在 12 月，2010 年、2011 年波峰出现在 1 月，2012 年以后波峰出现在 3 月，2004 年、2005 年波谷出现在 7 月，2006 年以后波谷均出现在 6 月；2008～2010 年峰值比其他年份较高，波谷比其他年份较低，说明这三年大蒜价格的季节性波动最剧烈且波动幅度大。2010 年之前，价格季节性稳定上升，从 2011 年开始，季节波动的影响逐渐减弱并趋于稳定，其中 2013 ~ 2017 年大蒜价格季节性波动特征基本相同。

价格的季节性波动与大蒜的生长周期密切相关，我国大蒜的主产区主要分布在山东、河南、江苏和河北等地，生产集中度高，新蒜收获期集中在每年的 5、6 月，新蒜收获意味着大蒜的市场供给量增加，伴随而来的就是价格的下跌并到达价格的波谷位置；新蒜经过一到两个月的烘干储存入库，8 月基本结束，由于市场上大蒜消费量的逐渐增加和固定的存货供给，价格从 8 月份逐渐上升到 12 月；12 月至第二年 4 月是大蒜价格的缓冲期，一方面云南、四川等地的早熟蒜从 2 月份开始上市，对价格的上升起到一定的抑制作用，另一方面由于春节等节假日大蒜需求量的增加，价格会有所上升，因此这期间大蒜价格会经历小幅度的震荡并到达价格的波峰位置。

原始价格序列数据剔除季节因素、长期趋势因素和周期因素后，不规则波动特征（如图 6 - 4）没有呈现明显的增长或下降的态势，2013 年以后价格随机性波动幅度比 2013 年以前波动幅度小。出现短期剧烈波动的时间分别为 2005 年 5 月、2006 年 4 月、2009 年 5 月、2010 年 12 月至 2012 年 9 月、2017 年 5 ~ 7 月，说明这些年份大蒜价格剧烈波动可能受到气象灾害或农产品炒作等随机因素的干扰；其中 2010 年 12 月至 2012 年 9 月的波动程度最剧烈，波动的最高点在 2012 年 6 月，最低点在 2011 年 7 月，震荡幅度约为 0. 4685。

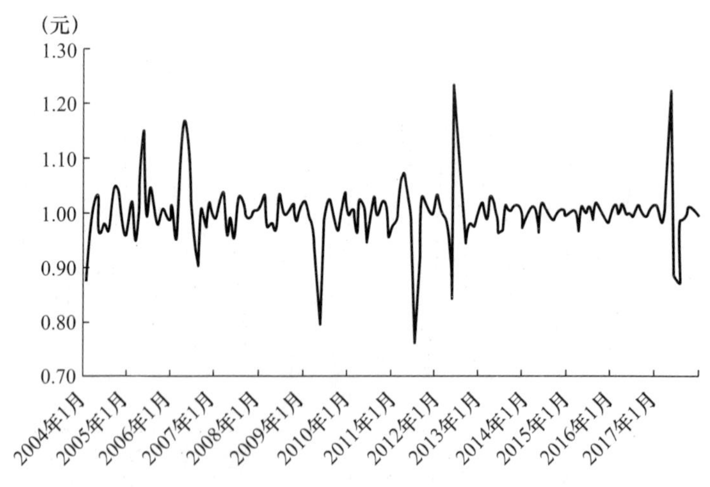

图 6 - 4　2004 ~ 2017 年全国大蒜价格的随机波动

2. *大蒜价格波动周期分析*

在大蒜月度批发价格 X12 季节调整的基础上，对趋势 - 周期序列（TC 序列）进行 H - P 滤波处理，就能得到大蒜价格的长期变动趋势（T 序列）和短期波动序列（C 序列），如图 6 - 5 所示。

（1）从长期趋势曲线来看，大蒜价格整体上呈稳定的波浪形上升趋势，在 2009 年之

前的价格趋势很平稳，价格的波动更多的来自周期波动带来的影响，而2009年之后大蒜价格的长期趋势曲线震荡式上升，趋势性波动属于不可逆状态，大蒜价格上涨可能来自蒜种、肥料、人工成本和运输成本的上升以及国内外大蒜消费量的稳定性增加。

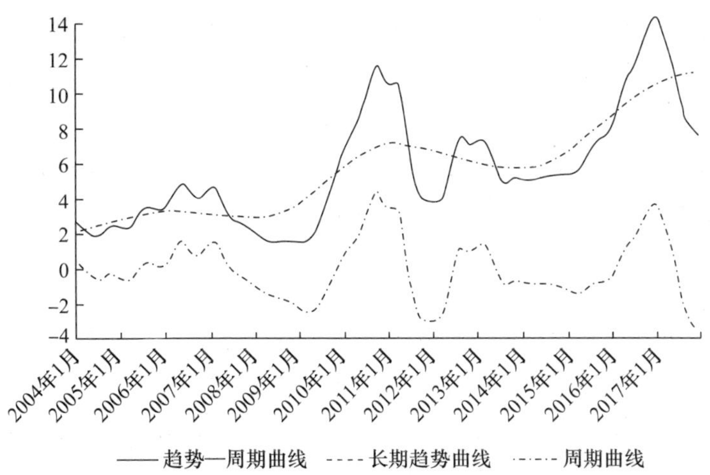

图6－5　全国大蒜价格趋势成分和周期成分

2009年之后大蒜价格的暴涨暴跌，一方面来自价格长期趋势的波动性上升，另一方面受到不规则周期成分的影响，显示出人为炒作因素在其中起着推波助澜的作用。

（2）长期来看大蒜的价格波动具有一定的周期性，但是每个周期的时间跨度长短不一，同时波动的幅度也不一样，这说明大蒜的价格波动在不同的周期影响因素不同。2009～2012年和2015～2017年两个波动周期时间跨度较长，波动幅度较大，其中2009～2012年波动周期是所有周期中波动最剧烈的。

3. 大蒜价格波动周期划分

为了进一步剖析大蒜每个波动周期的特征和影响因素，按照波峰—波谷的原则对图6－5中的周期曲线进行划分，总共得到7个周期，如表6－1。

表6－1　2004～2017年大蒜价格波动周期划分

周期序号	时间跨度（年/月）	峰值	谷值	峰谷落差	周期长度（月）	周期类型
1	2004/06～2005/02	－0.24	－0.61	0.37	8	缓升缓降
2	2005/03～2005/11	0.43	－0.53	0.96	8	缓升缓降
3	2005/12～2006/09	1.58	0.17	1.41	9	缓升缓降
4	2006/10～2009/03	1.51	－2.51	4.02	29	缓升陡降
5	2009/04～2011/10	4.52	－2.96	7.48	30	陡升陡降
6	2011/11～2015/03	1.4	－2.91	4.31	40	陡升陡降
7	2015/04～2017/12	3.79	－3.55	7.34	32	陡升陡降

2004～2017年大蒜价格7个波动周期的特征存在着明显差异，2009年之前的波动周期基本上是小幅波动，持续时间较短，2004年6月至2005年2月的峰谷落差最小，仅为0.37，持续时间也最短，仅为8个月；而2009年之后的波动周期峰谷落差相当大，时间跨度很长，波动幅度非常剧烈，其中波动最剧烈的两个周期是2009年4月至2011年10月、2015年4月至2017年12月，峰谷落差分别达到7.48和7.34，周期长度分别为30个月和32个月，价格暴涨暴跌造成了“蒜你狠”“蒜你贱”现象的交替出现。

4. 不同波动成分贡献率

为了进一步比较大蒜价格不同波动成分对原始价格序列的贡献率，以2004～2017年大蒜月度批发价格为样本数据，使用贡献率的计算公式：

$$Z_i = \frac{X_i}{Y_i} \times 100\%$$

X_i 表示经季节调整和H－P滤波分解后的不同波动成分，Y_i 表示原始价格序列数据，i代表不同的月份，Z_i 代表不同成分的波动贡献率。

通过以上步骤先分别计算出每月不同波动成分的贡献率，然后对每年12个月份相同波动成分的贡献率取平均值，即得到2004～2017年不同波动成分对大蒜价格的贡献率（见表6－2）。

表6－2 2004～2017年不同波动成分对大蒜价格的贡献率

单位：%

年份	季节性成分	随机性成分	趋势性成分	周期性成分
2004	45.86	45.52	115.46	13.46
2005	33.29	33.55	101.64	2.54
2006	22.97	23.14	75.98	23.26
2007	33.97	33.98	102.70	2.27
2008	60.91	61.29	197.99	97.57
2009	39.15	37.83	177.64	73.58
2010	10.79	10.79	71.92	29.13
2011	17.74	17.22	124.53	21.21
2012	17.74	17.61	113.50	13.06
2013	17.45	17.62	103.21	3.02
2014	19.01	19.03	117.46	17.04
2015	15.17	15.11	115.94	15.42
2016	8.65	8.65	84.08	16.06
2017	10.08	10.08	112.86	11.75
平均值	25.2	25.1	115.35	24.24

四种波动成分中，趋势性成分对大蒜价格的贡献率最高，基本大于100%，特别是2008年和2009年波动贡献率达到了197.99%和177.64%；季节性成分的波动贡献率在

2008 年和 2009 年达到最高值，之后呈现出逐渐减弱并趋于稳定的趋势；2008 年随机性成分的贡献率最高，为 61.29%，整体上随机性成分的贡献率也逐渐减小并趋于稳定；周期性成分的影响同样在 2008 年和 2009 年表现较为明显，分别达到了 97.57% 和 73.58%。

2004～2017 年我国共出现了两次“蒜你狠”现象，一是 2010 年，大蒜价格上升到 10 月份的 12.142 元/千克，一是 2016 年 12 月大蒜价格达到了 14.482 元/千克，第一次主要是受到季节因素、长期趋势和不规则周期的综合影响，第二次主要来源于长期趋势和不规则周期因素的影响。

5. 主要结论

2004～2017 年大蒜价格的 X12 季节调整和 H－P 滤波处理分析结果，主要得出以下结论：

（1）大蒜价格季节性波动特征显著，季节因子序列年内呈周期性变动趋势，波峰一般出现在 12 月至次年 4 月之间，波谷出现在每年的 6 月、7 月，2008～2010 年大蒜价格的季节性波动最剧烈且波动幅度大。2010 年之前，价格季节性稳定上升，从 2011 年开始，季节波动的影响逐渐减弱并趋于稳定，其中 2013～2017 年大蒜价格季节性波动特征基本相同。

（2）不规则波动特征没有呈现明显的增长或下降的态势，2013 年以后价格随机性波动幅度比 2013 年以前波动幅度小，说明随机因素出现的概率减小，大蒜市场交易秩序逐步改善并趋于稳定。其中 2010 年 12 月至 2012 年 9 月的波动程度最剧烈，这些年份大蒜价格剧烈波动可能受到气象灾害或农产品炒作等随机因素的干扰。

（3）从长期趋势曲线来看，大蒜价格整体上呈波浪形上升的趋势，在 2009 年之前的价格趋势很平稳，而 2009 年之后大蒜价格的长期趋势曲线震荡式上升，趋势性波动属于不可逆状态，大蒜价格上涨可能来自蒜种、肥料、人工成本和运输成本的上升以及国内外大蒜消费量的稳定性增加。

（4）长期来看大蒜的价格波动可划分为 7 个周期，但是每个周期时间跨度长短不一，同时波动的幅度也不一样，这说明大蒜的价格波动在不同的周期影响因素不同，波动最剧烈的两个周期是 2009 年 4 月至 2011 年 10 月、2015 年 4 月至 2017 年 12 月。

二、大蒜价格典型波动周期影响因素分析

（一）“蒜你狠”波动周期

从 2009 年 4 月起，全国大蒜月度批发价格一路走高，从最低价 1.6 元/千克上升到 2010 年 10 月的最高价 12.14 元/千克，增幅为 658.75%，迎来了第一个“蒜你狠”波动周期，2010 年全年大蒜的月度价格基本浮动为 8～12 元/千克，年均价格为 9.55 元/千克；从 2010 年 10 月到 2011 年 10 月，大蒜价格一路下滑，从最高价 12.14 元/千克跌到 4.14 元/千克，降幅为 65.9%，暴涨暴跌之后的价格仍然高于波动之前的最低价（见图 6－6）。

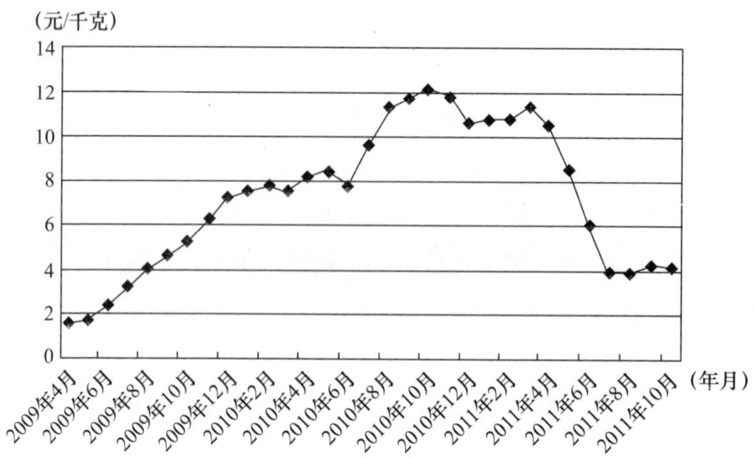

图 6－6　2009 年 4 月至 2011 年 10 月大蒜月度批发价格走势

1. 季节因素

季节波动是第一个“蒜你狠”波动周期出现的最重要原因。从图 3－3 可以看出，2007～2011 年季节因子序列经历了大幅度的震荡，是近 15 年波动幅度最剧烈的年份。农产品价格波动的季节因素包括生产条件、气候和温度等，而 2006～2010 年大蒜生产量的变化正好解释了季节因子的大幅波动。

2006～2008 年，我国大蒜总产量显著增长，由 2006 年的 1156. 75 万吨上升到 2008 年 1835. 7 万吨，增幅为 58. 69%，2009 年产量又骤然下降到 1796. 79 万吨，降幅为 2. 12%，2010 年又继续上升为 1854. 87 万吨，环比增长 3. 23%。根据市场供求理论，在需求量等其他条件不变的情况下，供给量增加造成供大于求，价格下降；供给量减少造成供小于求，价格上升。2006～2011 年大蒜产量和年均价格基本上呈对称关系，高产量对应低价格，低产量对应高价格，此间大蒜生产量较不稳定，供给的不确定性直接推动了大蒜价格的暴涨暴跌；但是 2010 年却出现了例外情况，大蒜的高产量对应高价格，产量和价格均达到了近几年的最高值，说明产量变化引起的季节波动很大程度上解释了大蒜价格剧烈波动的现象，另外还包含着更深层次的原因（见图 6－7）。

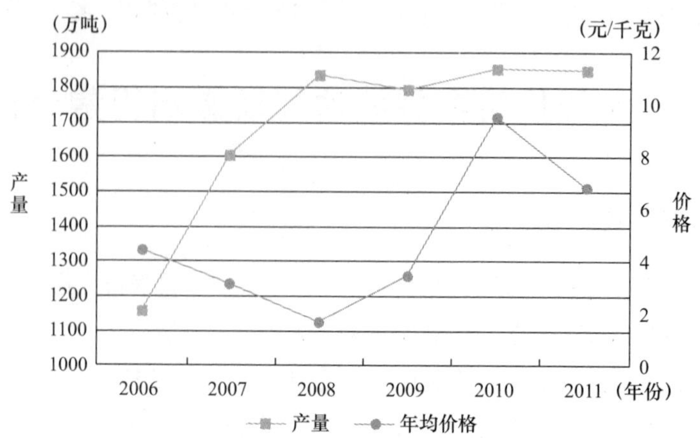

图 6－7　2006～2011 年大蒜产量和年均价格的对应关系

2. 成本因素

从产业链的角度来看，大蒜的成本因素包括种植成本和流通成本。种植成本指大蒜育种、栽培、收获等各个环节发生的费用之和，主要包括土地成本、人工成本与物质服务费用。流通成本指大蒜收割后从田间地头到消费者过程中所发生的交通运输费、采后储存费用、批发商和零售商中间加价等所有费用的总和。

成本因素也是影响大蒜价格波动的重要因素，因此必须考虑种植成本和流通成本。大蒜生产者价格指的是蒜农出售自己种植的大蒜的价格，它能够很好地反映蒜农的种植成本，而生产者价格指数是以上一年生产价格为基数，经计算得出的生产者价格变动比率，因此可以作为大蒜种植成本的代理变量。大蒜批发价格指的是大型批发商在批发市场进行批量交易的价格，由于本报告大蒜价格选取的是商务部网站的月度批发价格，所以必然包含了从生产者转运到批发市场所发生的流通成本，而交通运输费也是流通成本的重要组成部分，故选取交通类车用燃料价格指数反映大蒜的流通成本（见表6－3）。

表6－3 2006～2011年大蒜生产者价格指数、交通类车用燃料价格指数（上年=100）

指标	2006	2007	2008	2009	2010	2011
大蒜生产者价格指数	115.26	80.58	85.81	140.53	160.15	102.85
交通类车用燃料价格指数	112.8	103.5	113.5	92.8	111.5	111.7

数据来源：《中国农产品价格调查年鉴》，国家统计局网站。

从表6－3中大蒜生产者价格指数来看，2009年和2010年环比增幅分别是40.53%和60.15%，达到了2006～2011年生产者价格指数的最高值，有力地诠释了生产成本是造成2010年“蒜你狠”现象的重要原因。从交通类车用燃料价格指数来看，2010年的数值也相对较高，相比上一年增幅11.5%，因此也成为2010年大蒜价格高企的原因之一。

3. 货币供给量

有经验的投资商经常凭借拥有的信息优势，利用市场游资大量收购耐储存农产品并适时抛售牟取暴利，一般称他们为“炒蒜商”。大蒜具有耐储存的生理特性，“炒蒜商”长期潜伏于大蒜产业链的背后，一旦市场上有大量的闲置资金，便把握商机控制市场上的大蒜供给，从而获得一定的大蒜定价权，并在价格上涨时全部抛售以赢取一定的投资利润。货币供给量增加一定意义上代表着市场闲置资金的增加，从而为“炒蒜商”进行炒蒜创造了机会。

历史上，大蒜价格的上涨总是伴随国家货币政策拐点的出现。这种现象在2006～2007年以及2010～2011年尤为明显。从时间窗口上看，前一次时间界限不明显，第二个通胀周期，大蒜价格大约提前CPI两个月左右。

中国人民银行网站中货币供给量有三种统计口径，分别为流通中货币（M0）、货币（M1）、货币和准货币（M2）。流通中货币（M0）指银行体系以外各个单位的库存现金和居民的手持现金之和；货币（M1）也被称为狭义货币供应量，是指M0加上单位在银行的活期存款；货币和准货币（M2）也叫作广义货币供应量，是指 M1 加上单位在银行的定期存款和城乡居民个人在银行的各项储蓄存款以及证券客户保证金。三种货币供给量定义中，M2 包含的货币范围是最广的，M0 本身就是现金，流通性最强，正好与市场游资的特点相匹配，在具体的指标选取上，最终采用每年期末（12 月份）M0 余额的变动比值来反映货币供给量的变化。

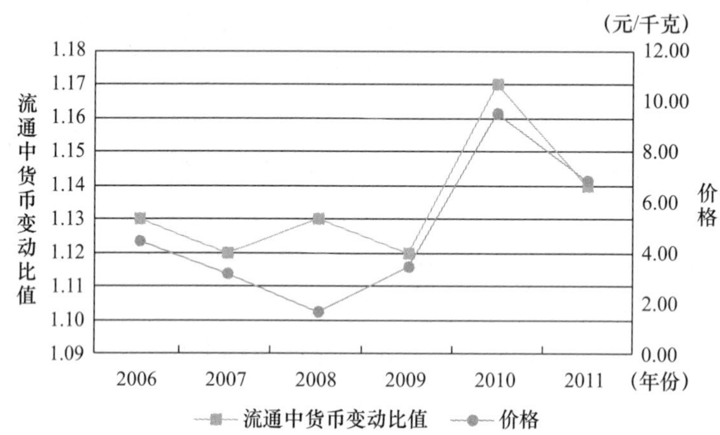

图 6－8　2006～2011 年大蒜价格与流通中货币变动比值变动趋势

数据来源：中国人民银行网站，数据经计算整理得出。

从图 6－8 可以得出，2006～2011 年大蒜年均价格与流通中货币变动比值的变动趋势基本一致，2010 年流通中货币供给量显著增长，较上一年变动比值为 1.17，成为 2006～2011 年流通中货币变动比值的最高点，很好地印证了货币供给量增加在一定程度上推动了大蒜价格的剧烈波动。

2009 年我国为应对国际金融危机，采取了宽松的货币政策，投放了大量货币，资金流动性充裕，通货膨胀预期较强，国家出台一系列政策遏制房价过快上涨，而股市经历了经济反转后的一次持续时间较长的熊市。楼市降温，股市低迷，在这种情况下，投资热点切换，大量资金退出股市和楼市后，就开始选择新的投资目标，一些社会资金利用大蒜产地集中、季节性强、常年消费，供应量、需求量都比较稳定，且便于储存，容易被游资炒作，市场信息不对称等特点，转战大蒜等小的农副产品市场，达到获取高额利润的目的。投机者囤积居奇，哄抬价格，扰乱市场秩序。炒作后，通过媒体的放大效应，使得社会消费心理预期变化，在上述原因的共同作用下，大蒜价格异常波动，便是情理之中了。

（二）“蒜你狠”现象再次重演

2015 年产新大蒜上市，山东金乡农户大蒜售价达到 4.60～5.20 元/千克，取得了比较好的收益，刺激了蒜农种植积极性，2016 年大蒜种植面积较 2015 年增加 80 万～100 万亩。按常理，2016 年产新大蒜的价格应有回落趋势，但相反，2016 年大蒜价格却屡创新高。

继 2009 年 4 月至 2011 年 10 月大蒜价格出现剧烈波动后，2016 年"蒜你狠"现象再次重演。图 6－9 中看出，从 2015 年 4 月起，大蒜价格从 6.11 元/千克一路飙升，直到 2017 年 1 月突破历史最高值 14.61 元/千克，增幅达到 139.12%，相对于 2010 年大蒜价格波动周期，此次波动幅度降低。2016 年大蒜全年批发价格在 9～15 元/千克，价格高峰之惊人给人们留下了深刻的印象。随着 2017 年春季的到来，"蒜你贱"现象也登上历史舞台，大蒜价格一路走低，从 1 月的 14.61 元/千克下降到 12 月的 7.67 元/千克，降幅为 47.5%。

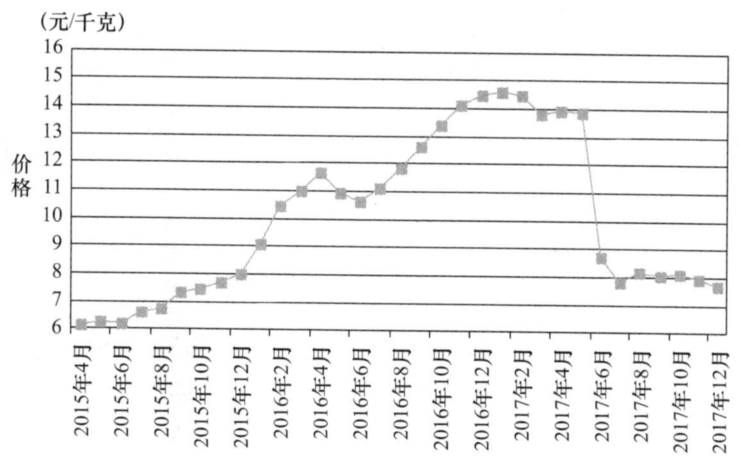

图 6－9　2015 年 4 月至 2017 年 12 月大蒜月度批发价格走势

值得注意的是，2017 年 5～6 月大蒜价格呈现断崖式下跌（如图 6－10 所示），从 5 月 5 日的 14.98 元/千克直线下降到 6 月 23 日的 8.01 元/千克，7 月大蒜周度价格下降趋势减缓，两个月价格下降程度之剧烈背后隐藏着更深层次的原因。

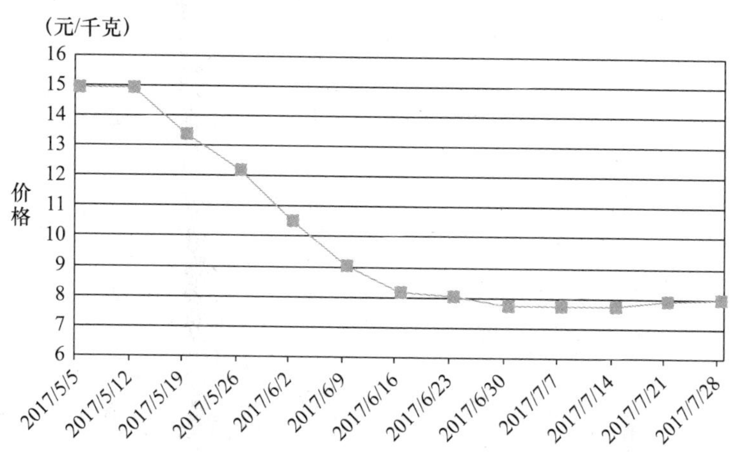

图 6－10　2017 年 5 月至 2017 年 7 月大蒜周度批发价格走势

连续几年的高收益，让蒜农种植积极性空前提高，据国际大蒜贸易网统计，2017 年产新大蒜的种植面积超过 800 万亩，较 2015 年同期增加 25% 左右。同时，2017 年天气没有大的灾害，大蒜取得丰收，大蒜总体产量远高于 2016 年。大蒜从严重供小于求，一下变成严重供大于求，价格出现断崖式下降在所难免。

在新蒜上市初期，经过价格短暂下调，在相比 2016 年巨大的价格差诱惑下，引来大量收储资金收购入储，加之产区经销小贩等也积极加入，短储憋涨，在各方市场力量的推动下，收购期间价格出现连续上涨。在收储的后期，大蒜产量大、库存量大的情况日渐明晰，风险日益凸显，存储商收储积极性下降，价格出现下滑。库外交易结束后，据国际大蒜贸易网的统计，大蒜库存量超过 300 万吨，2016 年同期只有 195 万吨左右。2017 年库存量是 2016 年同期的 1.5 倍，比十年内历史上库存量最多的 2013 年的 280 万吨左右还要高出许多。高库存使得大蒜供给面临严重的供大于求的局面，库内交易价格也因此必然承压下滑。

1. 自然灾害

低温冷害是大蒜生长过程中主要的自然灾害，每年 1 月上旬至 2 月底为大蒜的返青期，该时期气温偏低，会使大蒜生长周期缩短，对大蒜的中后期生长产生不利影响。3 月下旬至 4 月上中旬一般是大蒜的起身期，是大蒜生长的关键时期，需要较高的地温，如果遇到较强冷空气影响，地温明显下降，致使大蒜出现黄叶现象，直接影响大蒜产量。

表 6-4　2014~2016 年山东济宁市月平均气温

单位：℃

2014 年	月平均气温	2015 年	月平均气温	2016 年	月平均气温
1 月	2.2	1 月	1.7	1 月	0.6
2 月	2.3	2 月	3.6	2 月	4.4
3 月	11.8	3 月	9.9	3 月	11.5
4 月	16.7	4 月	14.6	4 月	18.4
5 月	22.6	5 月	21.2	5 月	21
6 月	24.9	6 月	25.5	6 月	25.8
7 月	27.5	7 月	27.4	7 月	28.4
8 月	25.6	8 月	26.2	8 月	27.3
9 月	21.4	9 月	22.3	9 月	23.5
10 月	16.8	10 月	16.4	10 月	16.5
11 月	8.8	11 月	6.7	11 月	8.5
12 月	0.8	12 月	2.3	12 月	4
年平均	15.1	年平均	14.9	年平均	15.7

数据来源：《山东统计年鉴》。

受2015年冬季和2016年春季的大雪突降和连续降温等极端寒冷天气影响，部分大蒜主产区（如山东、河南等地）蒜苗大面积冻死，导致大蒜总体产量大幅度下降。2016年我国大蒜产量为2126.32万吨，相比2015年下降了31.54万吨，降幅为1.46%，是2010年以来大蒜产量首次出现较大程度的减产。表6－4为2014～2016年山东省济宁市月平均气温，2015年11月平均气温是6.7℃，比2014年同期气温下降23.86%；2016年1月平均气温为0.6℃，比2014年同期气温下降72.73%，比2015年同期气温下降64.71%。

天气和减产因素导致供需矛盾。2016年大蒜减产的预期成为市场共识，大蒜市场价格从2016年2月开始一直处于上涨趋势；新蒜上市后，大蒜减产的预期得到确认，全国大蒜单产较正常年份减少15%～20%，特别是大蒜入库量由往年的250万吨左右减少到195万吨左右，为2012年以来的最低值，这导致供求关系失衡，存在供给缺口，因此2016年1月至2017年6月大蒜市场价格一直处于高位运行态势。

2. 市场炒作

大蒜价格上涨过程中不乏炒作成分，炒蒜的人一般是行业内的大户，长期从事大蒜经销，在大蒜的供求失衡里看到了商机后，就会通过鼓动蒜农使其惜售、借贷资金大批量囤货等办法，人为抬高价格，再伺机抛售牟利。“炒蒜”如炒股，贯穿生产、入库、销售整个周期。在大部分蒜商看来，人为炒作只是表面现象，供需失衡才是根本原因。人为炒作起到的只是推波助澜的作用，加剧价格的波动幅度，如果没有供求失衡，也不会给人为炒作提供可乘之机。大蒜多了，再有钱也难以炒起来。

大蒜有自己的市场规律。每年，来自云南的鲜蒜会在4月底陆续上市，金乡大蒜在5月中旬开始收获，6月蒜农陆续将鲜蒜晒干，7～8月蒜商会在当地的“国际大蒜交易市场”收购新蒜。每年大蒜价格的形成可分为两个阶段。6月、7月、8月为第一阶段，价格的形成取决于储存商对价格的接受度和对储存量的预期；9月到次年5月为第二阶段，价格取决于库存量的大小和秋后大蒜种植面积的增减以及对苗情的预期。

2016年，大蒜减产的预期成为事实，资产荒现象导致部分投机资金进入大蒜现货市场，炒蒜人囤积居奇，控制大蒜的市场供给量，进而足以控制市场信息，然后通过出库量的操作，人为造成了大蒜价格的上涨。

案例：大蒜的市场炒作

据多位业内人士介绍，操纵价格过程中，大的蒜商有不少手段，其中之一是自买自卖，制造价格假象，引导其他蒜商跟风；二是准备出货时，以更高价格收购，但实际收购量较小，同时暗地里大量签订单出货。

世界大蒜看中国，中国大蒜看金乡。金乡是全国大蒜的主产区之一，金乡及周边几个县市的大蒜占到了大蒜主产区产量的一半以上，库存量更是超过六成。在金乡县缗城路上的南店子大蒜市场，每天都聚集着上百名大蒜经纪人。大蒜经纪人也被称为“跑信息的”。每促成一单生意，经纪人可以获得每斤 1 分钱的佣金，这个标准维持了 30 年。每天，两三百个经纪人聚集大蒜的交易市场，彼此交换信息，从而判断当天的蒜价，为买卖双方谈价格、撮合生意。中午 12 点左右，一天的蒜价就能自然形成。这里在业内有“大蒜华尔街”之称，全国乃至全世界的大蒜价格都由这里主导。

在金乡大蒜市场，一直流传着人为炒作导致蒜价暴涨暴跌的说法，很多储存商认为金乡大蒜市场一直被极少数大户所控制，囤积或大量抛售导致蒜价频繁坐上“过山车”。大户囤积大蒜，其他蒜商便跟风观望，市场上的大蒜少了，价格自然被推高。

目前，传统生意不好做，一些大的投机商（如东北、上海的一些房地产商等手握资本的人）一出手就是三四万吨。等第二年三四月份市面上的蒜少了，他们就开始哄抬价格，制造蒜价大幅上涨的预期。难以计数的大蒜经纪人、储存商、加工商集中在 885 平方千米的金乡，因为集中，信息无论真假都能迅速传播。在金乡，库存上万吨的蒜商才能被称为“炒蒜大户”。“炒大蒜”并不是什么秘密，有时一批蒜在冷库里没动，就被转手了好几次，在“蒜你狠”行情推动下，许多投资者一夜暴富。

2017 年大蒜减产的普遍预期是大蒜价格上涨的最初因素，但在消息的散播过程中，有的被夸大甚至被人为利用。金乡一位大蒜经营者说，特别是 2016 年 2 月底，蒜商们在山东开了一次保鲜行业大会，会上传出的数据说全国库存仅剩 60 万吨，自那天起大蒜就开启了“疯涨”模式。2016 年 3 月 9 日，一篇有关山东泰安大蒜因寒潮大幅减产的报道，“几乎绝产”“死苗超过三分之二”等字眼，再次搅动了大蒜市场。3 月 10 日，又出现一篇有关莱芜产区 18 万亩大蒜“绝产”的新闻。这样的报道很容易让人误解成，金乡县的种植面积一共 60 万亩，受损 20 万亩，还以为是三分之一受损。其实，金乡产区的大蒜种植面积有 200 多万亩，全国主产区有 400 万亩，20 万亩不算什么，而且这 20 万亩蒜也不会都死掉。随后，一些大蒜行业的微信群开始出现减产的照片、小视频等。减产信息不假，但被蒜商有意识地在之后的传播中夸大了减产程度。

“绝产”，等于预告了未来大蒜供应市场将出现极大空缺。蒜商们看到了商机，囤积大蒜，待价而沽，成为首要的商业考量。于是，在新蒜出来之前、蒜源紧张的时节，市场上大蒜因人为囤积突然骤减，蒜价在 10 天后迅速达到了每斤 6.8 元的顶峰。甚至有蒜商认为，蒜价能在短期内突破 7 元/斤。

资料来源：《中国证券报》2017 年 6 月 13 日。

3. 替代品价格

洋葱和大蒜同属于葱属类蔬菜，都是人们生活中很重要的调味品，两者互为替代品。洋葱的价格也作为影响大蒜需求量的重要因素，可以通过改变大蒜需求量进而推动大蒜价格的波动。在影响大蒜需求的其他条件不变的情况下，洋葱价格上涨，人们会增加对替代

品大蒜的需求量，如果此时大蒜本身供小于求，那么大蒜价格上涨程度加剧就在所难免。

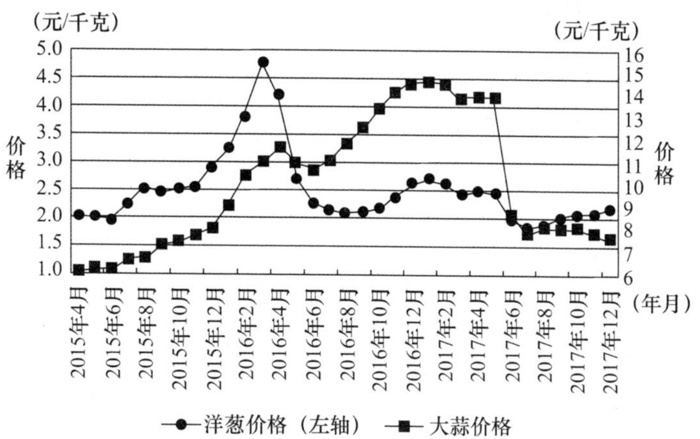

图6－11　2015年4月至2017年12月洋葱批发价格和大蒜批发价格走势

数据来源：中华人民共和国商务部网站（http：//cif. mofcom. gov. cn/cif/html/marketDatas/index. html? nfcpgnxh_224058）。

从图6－11中可以看出，2015年4月至2017年12月洋葱价格走势与大蒜价格走势基本一致。2016年上半年洋葱价格波动的速度和幅度均高于大蒜，洋葱价格从2015年11月开始快速上升，并于2016年3月达到此期间的价格高峰4.79元/千克，紧接着价格呈现断崖式下跌。大蒜价格从2015年12月开始快速上升，于2016年4月达到此时间段的峰值，然后价格出现小幅度的下降趋势；2016年下半年和2017年大蒜价格波动程度明显大于洋葱价格的波动程度。

一定程度上可以判定，2016年上半年替代品洋葱价格的突然上涨，对后期大蒜价格的一路飙升形成了冲击，短期内刺激了人们对大蒜需求量的增加，使2016年大蒜供小于求的形势更加严重，大蒜价格暴涨便在意料之中。

4. 国外市场需求

中国大蒜的出口产品主要以鲜或冷藏的大蒜和干大蒜为主，根据中国海关信息网的数据显示，2017年两种产品的出口量总和占到大蒜总出口量的99%。

2010年和2016年，鲜或冷藏的大蒜出口量骤减，相对于前一年降幅分别为14.44%和12.73%，正是因为2010年和2016年国内大蒜价格持续高企，国外大蒜市场需求量减少，但平均出口价格却相对较高。而2010年和2016年干大蒜的出口量不减反增，无论是出口量还是出口额都出现了增长，出口量较上一年增幅分别为9.64%和0.65%，出口额较上一年增幅分别为136.58%和80%，说明国外市场对脱水蔬菜的需求紧俏，大量鲜蒜被收购后，脱水提取大蒜素用于制药、生物饲料生产等行业。

2016年山东、河南等主产区大蒜大幅度减产，造成了市场上大蒜的供给量严重小于需求量。2012年以来，国外市场对干大蒜的需求量稳定增长，更是加重了国内市场大蒜供小于求的形势，进一步推动了大蒜价格的暴涨。

（三）大蒜价格影响因素的实证分析

因子分析法是用少数几个因子来描述许多指标或因素之间的联系，以较少几个因子反映原资料的大部分信息的统计学方法。一般具有以下特点：因子变量不是对原有变量的取舍，而是根据原始变量的信息进行重新组构，它的数量远少于原有的指标变量的数量，并具有命名解释性，是对某些原始变量信息的综合和反映。因子变量之间不存在线性相关关系，对变量的分析比较方便。

因子分析的基本步骤：首先确定待分析的原有若干变量是否适合于因子分析，其次构造因子变量，然后利用旋转使得因子变量更具有可解释性，最后计算因子变量的得分。

根据分析，供给因素、需求因素、成本因素、替代品价格和货币供给量都是影响大蒜价格剧烈波动的因素，为了消除这些因素的序列相关性并进一步研究各因素的影响程度，考虑到数据的可获得性，因子分析法选取的指标为大蒜产量（x1）、鲜或冷藏的大蒜出口量（x2）、大蒜生产者价格指数（x3）、交通类车用燃料价格指数（x4）、洋葱价格（x5）和 M0 期末余额（x6）6 个变量，各变量的描述性统计特性如表 6－5。

表 6－5　变量的描述性统计特性

变量类型	变量	变量名称	均值	标准差
供给变量	x1	大蒜产量	1683. 8	370. 68
需求变量	x2	鲜或冷藏的大蒜出口量	147. 1	22. 03
生产成本	x3	大蒜生产者价格指数（上年＝100）	111. 28	22. 17
流通成本	x4	交通类车用燃料价格指数（上年＝100）	104. 08	9. 07
替代品价格	x5	洋葱价格（元/公斤）	1. 74	0. 55
货币供给量	x6	M0 期末余额（亿元）	42288. 32	15011. 93

1. 检验因子分析法的适用性

使用 SPSS17. 0 软件对以上指标采用主成分分析法抽取因子，判断 6 个因素指标是否适合提取因子，输出结果中 KMO 的取值为 0. 752，Bartlett 的球形度检验对应的相伴概率值等于 0，因此样本数据比较适合做因子分析。

表 6－6　KMO 和 Bartlett 的检验

取样足够度的 Kaiser－Meyer－Olkin 度量		0. 752
Bartlett 的球形度检验	近似卡方	47. 111
	df	15
	Sig.	0. 000

2. 构造因子变量

确定因子个数的方法：根据特征值的大小确定，一般取大于1的特征值；根据因子的累计方差贡献来确定，一般应该大于80%，至少也得70%。通过尝试提取不同因子个数，发现前2个因子对应的特征根比较大，都大于1，而第3个因子以后对应的特征根明显变小。同时发现前2个因子累计方差贡献度为83.26%，提取了6个原始变量全部信息的大部分，据此确定提取2个因子。2个因子的方差贡献度见表6-7。

表6-7 解释的总方差

成分	初始特征值			提取平方和载入			旋转平方和载入		
	合计	方差的百分比	累计百分比	合计	方差的百分比	累计百分比	合计	方差的百分比	累计百分比
1	3.916	65.265	65.265	3.916	65.265	65.265	3.885	64.749	64.749
2	1.080	17.996	83.261	1.080	17.996	83.261	1.111	18.513	83.261
3	0.549	9.147	92.408						
4	0.327	5.444	97.852						
5	0.070	1.165	99.017						
6	0.059	0.983	100.000						

注：提取方法为主成分分析法。

3. 命名因子变量

分析结果如表6-8所示，因子F1除了在大蒜生产者价格指数载荷值较低以外，在其他5个变量上的载荷值均较高，5个变量包括供给变量、需求变量、流通成本、替代品价格和货币供给量，说明它们F1因子是对5个变量所代表信息的综合反映，因此F1命名为混合因子。因子F2在大蒜生产者价格指数上的载荷值最高，达到了0.98，而在其余5个变量上的载荷值均较低，因此F2命名为生产成本因子。

表6-8 旋转成分矩阵

	成分	
	1	2
产量	0.929	-0.136
鲜或冷藏的大蒜出口量	0.888	-0.307
大蒜生产者价格指数（上年=100）	-0.026	0.980
交通类车用燃料价格指数（上年=100）	-0.734	-0.060
洋葱价格（元/千克）	0.888	0.169
M0期末余额（亿元）	0.951	-0.067

注：提取方法为主成分分析法。

旋转法为具有Kaiser标准化的正交旋转法。旋转在3次迭代后收敛。

4. 计算因子变量的得分

因子变量确定以后，就可以得到每一样本数据在不同因子上的具体数据值，这些数值就是因子得分，因子得分系数矩阵如表。F1 和 F2 与 6 个变量之间的表达式为：

F1 =0. 235x1 +0. 212x2 +0. 062x3 -0. 197x4 +0. 245x5 +0. 245x6

F2 = -0. 06x1 -0. 22x2 +0. 899x3 -0. 106x4 +0. 217x5 +0. 005x6

表 6-9　成分得分系数矩阵

	成分	
	1	2
产量	0. 235	-0. 060
鲜或冷藏的大蒜出口量	0. 212	-0. 220
大蒜生产者价格指数（上年 =100）	0. 062	0. 899
交通类车用燃料价格指数（上年 =100）	-0. 197	-0. 106
洋葱价格（元/公斤）	0. 245	0. 217
M0 期末余额（亿元）	0. 245	0. 005

注：提取方法为主成分分析法。

旋转法为具有 Kaiser 标准化的正交旋转法。

构成得分。

各年份的因子得分情况如表 6-10，根据其绘成因子得分曲线（见图 6-12），并与大蒜年度价格走势相比较，发现 F1 因子在 2004～2006 年和 2013～2015 年的得分相对较高，F2 因子在 2007～2010 年的得分相对较高。由图 6-12 看出，F1 和 F2 因子得分变动趋势大体上与大蒜价格走势相同。由于 F1（混合因子）对整体权重最大，在大蒜价格波动中起着基础性的作用。在 2008～2010 年大蒜价格剧烈波动周期内，F2（生产成本因子）起到了决定性的作用，2010 年“蒜你狠”的现象的出现更多来自生产成本的上涨，包括蒜种、化肥、人工费和土地成本，而在 2013～2015 年新的大蒜价格波动周期中，F1 因子有显著作用，可能包含供需不平衡、替代品洋葱价格的替代效应以及通货膨胀因素的综合影响。

表 6-10　各年份因子得分情况

年份	2004	2005	2006	2007	2008	2009	2010	2011	2012	2013	2014	2015
F1 因子	-1. 35	-1. 46	-1. 16	-0. 52	-0. 48	0. 47	0. 19	0. 21	0. 41	1. 09	1. 02	1. 59
F2 因子	0. 46	0. 31	0. 25	-1. 35	-1. 44	1. 19	2. 13	-0. 68	-0. 04	-0. 43	-0. 40	0. 02

F1 和 F2 因子得分变动趋势大体上与大蒜价格走势相同，F1 因子（混合因子）在 2004～2006 年和 2013～2015 年的得分相对较高，F2 因子（生产成本因子）在 2007～

2010 年的得分相对较高。

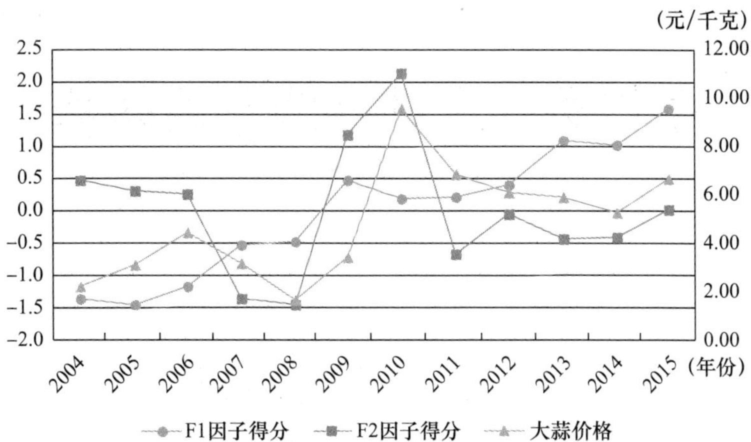

图 6－12　2004～2015 年各年份因子得分与大蒜价格比较

由于 F1 因子对整体权重最大，在大蒜价格波动中起着基础性的作用。2008～2010 年大蒜价格剧烈波动周期内，F2 因子起到了决定性的作用，2010 年“蒜你狠”的现象的出现更多来自生产成本的上涨。2013～2015 年新的大蒜价格波动周期中，F1 因子有显著作用，供需不平衡、洋葱价格的替代效应以及通货膨胀因素均对大蒜价格价格波动产生了一定程度的影响。

第七章　大蒜产业发展趋势

一、大蒜产业发展趋势

（一）未来五年内大蒜价格仍呈波动趋势

大蒜产地集中、季节性强、常年消费，供应量、需求量都比较稳定，且便于储存，随着大蒜生产成本的上涨、供需不平衡、通货膨胀和市场炒作等因素的共同作用下，大蒜年度及月度市场价格可能出现剧烈波动，“蒜你狠”“蒜你贱”现象仍将持续，未来五年内大蒜价格仍呈波动趋势。

（二）大蒜产品将向精深加工和生物医药方向发展

中国除了出口部分以外，国内消费仍以鲜食为主，缺少适宜的受欢迎的大蒜深加工产品。大蒜是重要的功能食品，具有很高的药用价值。比如瑞士生产的阿里沙丁（Allistatine）专治胃炎和痢疾；美国制造的无臭大蒜素胶囊，其中蒜素、维生素和无机盐含量为新鲜大蒜的2.5倍；中国合成并且临床使用的大蒜新素（Alitridi）具有很强的抗菌消炎作用，市场上销售的阿里那民（Allinamin）是一种以大蒜素为配料的维生素B制剂，对于神经痛、易疲劳等维生素B缺乏症有良好的防治和治疗效果。

随着大蒜消费市场的多元化发展，研发高附加值低能耗的大蒜加工高新技术，产品功能化、多样化将成为大蒜产品的发展方向。

（三）生产经营主体短期内仍为龙头企业、合作社与农户并存

大蒜是老百姓日常生活必备的调味料，城乡居民大蒜日常食用是最大的消费，对大蒜产品各项要求不是很高，大蒜农户经营具有可行性，因此，一般的大蒜产品生产，在短期内仍会以小农户或种植大户种植为主。

高端大蒜鲜活产品和精深加工专用型产品生产标准高，需要强化科技含量，应用多种新技术，提升棚室及设施装备，因此将以组织化程度高的农业龙头企业、合作社为主组织生产。

（四）大蒜产业转型升级的重点为品种技术和经营模式创新

大蒜需求多样化发展趋势明显，全国乃至世界大蒜消费者的口味、食用习惯均不同，随着大蒜消费市场的多元化发展，研发高附加值低能耗的大蒜加工高新技术，产品功能化、多样化将成为大蒜产品的发展方向。因此需要针对不同的消费者需求进行品种研发使产品呈现多样化，以满足不同季节需求、不同口味需求、不同外观需求、不同专用性需求。精深加工技术、储藏保鲜技术是大蒜产品增值基础，是延伸产业链的核心与关键，因此，精深加工技术和储藏保鲜技术的创新，是大蒜产业转型升级的关键。

种植环节劳动力的节约，机械化、轻简化水平决定了大蒜种植效益。劳动力价格的提升直接导致成本提升，所以节省劳动力的生产方式是未来的主要发展趋势。轻简化体现在栽培轻简化、种苗微型化发展；机械化体现在栽培和采挖机械化的推广。技术、管理、组织的创新共同催生新业态、新模式，推动大蒜产业转型升级。

二、对策建议

（一）健全农产品价格信息体系，指导蒜农科学生产

目前，中国蒜农组织化程度低，科学技术水平落后，跟风种植倾向严重。大蒜产业缺乏覆盖国内、国外两个市场和整个产业链的完整信息，农产品价格信息体系尚未落实，加之信息不完全和信息不对称，蒜农收集到的价格信息既不完整又滞后。农产品批发市场是我国农产品流通的主要环节，是大蒜价格发布的重要载体，政府应重点加强产地批发市场流通基础设施和价格信息发布系统建设，初步建成覆盖全国大型批发市场的价格信息体系，让蒜农充分了解到大蒜交易市场的供求信息，正确掌握市场风向，从而进行科学生产，从根本上解决大蒜供求不平衡引起的大蒜价格波动剧烈的现象发生。

山东信息平台 2015 年 6 月中国大蒜产业信息联盟在金乡挂牌成立，联盟成员单位覆盖山东、河南、江苏三大大蒜主产区及河北、四川、云南等副产区，形成了全国性的大蒜信息平台，促进了大蒜产业标准建设、同行信息交流及政策协调。山东省安丘实施“互联网 + 优质农产品”战略，抓住电子商务发展机遇，与北京恩源科技有限公司合作，投资 1000 万元组建了山东安丘源家园信息科技有限公司，将山东安丘大蒜等通过地理标志产品认证的优质农产品在网上进行预定销售。

（二）开拓大蒜产品精深加工领域，延伸大蒜产业链

中国生产的大蒜产品主要是原料性及初级产品，加工程度低，附加值不高，极易造成大蒜价格年度间异常波动，对各个环节主体带来不利影响。大蒜是重要的功能性产品，具有很高的药用价值，大蒜深加工方面，专家建议开发适合于市场需求的精深加工产品，主要包括：大蒜功能食品，如蒜素、蒜氨酸、多糖为主体功能成分的食品；大蒜风味食品，

如以蒜素为主要特征风味的调味产品；大蒜休闲食品，如无臭大蒜制品；其他，如黑蒜、糖醋蒜等。

鼓励企业生产精深加工产品，一方面，在鲜大蒜价格低时增加大蒜加工量，减少市场供给，鲜大蒜价格高时减少大蒜加工量，增加市场需求，这样加工企业就起到了蓄水池的作用，及时有效地调节大蒜市场的需求量和供给量，发挥了平抑市场价格的作用。另一方面，由于消费结构的多元化，国内外对大蒜加工产品的需求迅速增长，提高大蒜附加值，延伸大蒜产业链，促进大蒜产业健康稳定发展，为中国大蒜种植、储存、加工贸易等各环节从业人员带来丰厚的利润。

为进一步提高大蒜产业的技术水平，农业部2003年启动了“葱姜蒜生产加工关键技术引进创新948重大滚动项目”，组织全国主产区优势科研力量，围绕葱姜蒜产业发展中的关键生产和加工技术环节进行引进、消化吸收、再创新，丰富了葱姜蒜的品种遗传资源，形成了一批较为成熟、适宜推广的优良品种和生产加工技术模式。

（三）加强对农产品炒作的市场调控，抑制价格异常波动

通过对中国2004～2017年大蒜价格波动特征的实证分析，大蒜价格除了受到长期趋势因素和季节因素的影响，还受到周期因素和不规则因素的影响，其中不规则因素就包括市场游资对农产品炒作，由于大蒜易储存的特性，容易受到资本控制，一些“炒蒜人”利用信息优势和资金优势恶意囤积大蒜，试图控制大蒜的市场供给，赢得一定的大蒜定价权来牟取暴利。政府应积极制定和完善法律法规，管制农产品市场上的闲置资金，正确引导闲置资本的投资，保持对小宗农产品炒作行为打击的高压态势，降低不规则因素对价格的影响程度。

（四）整合加工企业，打造名牌产品

目前，我国大蒜加工企业大多数规模较小，产品结构类同，缺乏新产品开发能力。要选择技术力量强、生产质量稳定、销售渠道畅通的加工企业研制特色产品，打造名牌产品。必须充分认识树立品牌意识的重要性、加大培育和竞争名牌的工作力度，形成具有地方特色、具有广泛声誉的名优产品，并实施标准化、专业化和规模化生产。要依据“扶强、扶大”原则，选择一批发展前景好、具有一定规模的农产品加工龙头企业，重点扶持和培养，从生产规模、经济效益、带动能力和市场竞争力等方面着手，引导龙头企业加快技术更新，提高规模档次，增强企业实力，使这些企业真正成为牵动相关产业快速发展的“龙头”。

（五）积极调整大蒜产品出口结构，提升大蒜国际竞争力

作为世界上最大的大蒜生产国和出口国，中国在世界上享有大蒜定价权。中国大蒜出口产品主要以原料性产品或初级产品为主，保鲜大蒜和脱水大蒜是我国大蒜出口的“主力军”，但保鲜大蒜总体出口比例逐渐下降，脱水大蒜比例逐渐上升。说明中国大蒜出口

结构正在逐步优化，但是优化速度有待加快。就目前出口情况而言，虽形势严峻但乐观。由于大蒜出口价格的影响，出口额大幅增长，为我国大蒜取得产地优势打下良好基础。我国应在政府监管下引入“涨进跌出”的国际市场调节机制：即当国内蒜价下跌时，鼓励将过剩产量出口，以防止蒜价过快下跌；而当国内蒜价上涨时，多渠道从大蒜出口大国进口大蒜，以满足国内市场需求，抑制蒜价过快上涨。继续发挥大蒜的产地优势，提高产品质量，争取能够让产地决定市场，使我国大蒜价好量多，提升我国大蒜的国际竞争力。为了实现标准化生产，山东省省委省政府出台了《关于大力推行农业标准化全面提高农产品质量的意见》《农药管理条例》《山东省农产品出口突发事件应急预案》等一系列政策措施。安排财政专项资金，支持“农产品质量提升工程”，提高农产品竞争力。《关于扶持现代农业的奖励》等政策文件中明确提出：建立发展大蒜产业的奖励机制，对三品一标认证、创建龙头企业等进行资金奖励。

2002 年，国家质检总局和山东省政府签署了《国家质检总局、山东省人民政府关于相互配合扩大山东省农副产品出口的工作方案》，形成了地方政府和检验检疫部门协调配合，进一步扩大和促进山东农产品出口的工作机制。实践证明，国家质检总局与省级政府签署合作备忘录，建立省局联席会议制度是促进农业实现标准化、产业化、国际化的一个难得的机遇，全国已有 14 个省份与国家质检总局建立了联席会议制度和合作机制。山东省莱芜检验检疫局为进一步推进贸易便利化，促进外贸发展，2017 年 4 月出台了 15 条工作措施，全力打造“速度最快、费用最低、服务最好”的“三最”口岸。指导企业不断完善自检自控制度，对出口保鲜生姜、大蒜采取收获季节按基地监控的方式，对出口加工食品微生物、添加剂采取周期检测的方式，减少自检频次，降低检测成本。开展出口食品农产品质量安全提升活动，继续着眼莱芜出口腌渍姜片优势产品，实施标准引领，制定腌渍姜片地方标准，指导企业提高生产质量，提升市场竞争力。围绕重点企业、重点产品、重点环节，实施“一对一”帮扶，量身制定措施，精准发力，帮助企业“增品种、提品质、创品牌”。

第八章　大蒜加工企业和主产区概况

一、大蒜加工企业案例

（一）大蒜加工企业：山东省万兴食品有限公司

山东省万兴食品有限公司成立于2001年6月，位于山东省莱芜市莱城区龙潭东大街，注册资金1200万美元，是一家集农产品种植、收购、储藏、加工、出口为一体的综合性农业产业化国家重点龙头企业、出口创汇明星企业、绿卡示范企业、AAA信用企业、首家通过欧盟TESCO公司TNC认证企业、国家948项目（葱姜蒜）示范企业、国家星火计划承建单位、山东省高新技术企业、山东省院士工作站建站单位、中国食品土畜进出口商会大蒜分会副理事长单位。

公司立足本地区姜蒜特色，致力于姜蒜产品的全产业链发展。拥有资产总额6.2亿元，其中固定资产2.9亿元。现有员工389人，其中各类技术人员126人。2015年公司实现销售额16亿元，其中出口额达到1.7亿美元。公司连续七年被评为全国大蒜出口第一大户，大蒜出口稳居全国前三名。

1. 公司下属子公司

万兴公司建有大蒜公司、水果公司、寿司系列产品公司、腌制加工厂、脱水工厂和酱腌菜制品公司。

（1）大蒜公司产品主要有脱水蒜片、脱水蒜粒、脱水蒜粉、腌制水晶蒜、烤蒜等。年出口大蒜10万吨，出口欧盟、日本等80多个国家和地区。公司农产品标准化生产基地已达10万亩。公司拥有通过GAP认证的大蒜种植基地10000亩。产品通过了ISO9001、ISO14001、HACCP、KOSHER、HALAL等体系认证。

（2）寿司系列产品公司产品主要为寿司姜片、姜丝、姜丁、红白姜芽等。寿司系列产品年均出口4000吨，创汇1000万美元，成为寿司产品行业里出口数量第一，创汇金额第一，产品质量第一的三“一”企业。产品主要出口亚洲地区、欧盟地区、美洲地区、中东地区。

2. 公司经营模式

公司采取“企业+村级组织+农户”的模式，以租赁的方式流转土地，建起3500亩有自属标准化种植基地。普通农地出产的大蒜在国际市场上只能卖到每吨400美元左右，而基地出产的大蒜产品，严格按照农业操作规范要求进行，在国际市场上能够卖到每吨1200美元。

公司围绕大蒜、生姜等主导产品加工，以加工促种养，以种养带加工。从深加工和精加工入手，大力发展订单农业，按照贸工农一体化发展思路，紧盯国际市场，广招客户，变先产后销为先销后产，积极发展“合同姜”“合同蒜”“合同菜”，与农户签订“定品种、定面积、定品质、定最低收购价”的合同，完善“公司+基地+农户+市场”的产业化模式，形成了“市场引导企业、企业带动基地、基地连接农户”的运行机制。近年来，公司相继在莱芜市的寨里、大王庄、雪野等镇发展合同型基地30000亩，带动当地30多个村，2.63万户农民手持订单组织生产，带起各类专业村136个，在公司从事农产品种植加工的农民工最多时达到10000余人，每年给农民的工资性收入达1300多万元。

3. 公司品牌与科技

公司品牌有“姜老大”“MANHING”“蒜农”“姜农”。2010年公司成立北京国内营销中心，进入了易初莲花、乐天玛特、华润万家等200多家超市卖场。2011年成立山东省营销中心，开拓大润发华北区、家家悦连锁超市、文登长江连锁等60多家超市卖场。在国际市场由原来的印度、巴基斯坦等低端市场扩展到现在的欧美、东南亚等80多个国家和地区。

[资料来源：万兴公司宣传册、万兴公司官网（http://www.garlicginger.com/）、实地访谈调研整理]

（二）姜蒜加工企业：莱芜裕源食品有限公司

莱芜裕源食品有限公司成立于2000年，是一家集种植、储藏、加工、出口为一体的综合性山东省农业产业化重点龙头企业，位于山东省莱芜市文化南路60号，其产品主要包括寿司姜片系列、黑蒜系列产品。

该公司采用“公司+基地+农户”的经营管理模式，建设标准化生产基地2000亩，辐射带动基地农户2000余户，安排农村剩余劳动力300余人，黑蒜的产销量800吨，位居全国第一。产品主要出口到日本、韩国、美国、欧洲、澳大利亚、南美洲等30多个国家和地区。寿司姜在美国市场占有率达40%，在日本市场占有率达20%。目前，公司“裕华源”牌商标，取得全国食品生产许可证（SC），中国绿色食品认证，危害分析与关键控制点（HACCP）体系认证，犹太OU认证及美国FDA（美国食品药品检验监督局）现场审核，FDA认证是莱芜市首家经过国外政府机构现场复核检查的出口企业。

公司投入大量的资金从事科技研发，取得了黑蒜加工的系列产品专利，黑蒜加工科技水平处于国内领先地位。从原材料采购、添加剂管理、生产过程控制、产品检测、售后服务等方面都严格按国家标准及相关法律法规要求执行，实现从采购、生产、售后，全过程的跟踪监测及管理。

［资料来源：公司宣传册、公司官网（http：//www. lwyuyuan. cn/）、实地访谈调研整理］

（三）蒜深加工企业：山东华光集团

华光集团成立于2001 年2 月，是一家集农产品种植、收购、保鲜冷藏、食品研发、生产、检测销售为一体的国家级农业产业化重点龙头企业，位于山东省济宁市金乡县经济开发区，其业务范围主要包括：黑蒜、风味蒜、糖醋蒜、大蒜素提取、大蒜素浓缩、蒜制品速冻、大蒜巧克力、大蒜饮料、大蒜米醋、大蒜酱油、大蒜保健品等食品深加工生产和出口销售。

公司实现了“公司+基地+农户”的种植管理模式和“公司+基地+标准化”的经营管理模式。建成20000 亩无公害大蒜基地、24320 亩国家级标准化示范基地、3200 亩有机大蒜种植基地、4000 亩欧洲良好的农业操作规范基地。出口市场包括欧洲、美洲、东南亚、非洲、中东等70 多个国家和地区。年出口创汇2 亿美元，其中大蒜单品种出口数量和金额，连续五年蝉联全国同行业第一名，农副产品出口总量和金额连续五年在济宁市排名第一位。产品通过了ISO9000、ISO14000、HACCP 认证，通过了美国的BRC 认证和大蒜EUREPGAP 认证，绿色食品“AA”级认证，有机大蒜转换认证。

［资料来源：公司宣传册、公司官网（http：//www. huaguangfood. net/）、实地访谈调研整理］

（四）大蒜深加工企业：徐州黎明食品有限公司

徐州黎明食品有限公司成立于2002 年，是集农副产品收购加工、冷储保鲜、科技创新、产品研发、出口贸易、电子商务、信息物流、境外投资等于一体的农业产业化国家级重点龙头企业。公司现有恒温库年冷藏能力达5 万余吨，高居全国同行业规模之首，主营保鲜大蒜、黑大蒜、蒜粉、蒜片、腌制蒜米、黑蒜酱等系列产品，兼营苹果、生姜等其他多种农副产品，产品远销欧洲、东南亚、北美、南美等30 几个国家和地区。企业年大蒜产品出口量超13 万吨，2017 年自营出口创汇1. 61 亿美元，连续四年出口创汇超亿美元，连续多年位居江苏省同类农产品出口榜首。

公司先后荣获农业产业化国家级重点龙头企业、中国质量诚信企业、国家蔬菜研发分中心、国家企业技术中心、江苏省电子商务示范企业、江苏省重点物流企业、江苏省创牌立信示范单位、江苏省两化融合创新试点企业、江苏省金帆奖、中国食品土畜进出口商会大蒜分会理事长单位等荣誉称号。

1. 公司下属子公司

徐州黎明食品有限公司下属子公司江苏福多美生物科技有限公司，主要经营脱水蒜制品（蒜片、蒜粉、蒜粒）、盐渍蒜米、黑蒜、复水蒜粒、黑蒜酱油醋、黑蒜酱、蒜油软胶囊等大蒜系列深加工产品，企业和产品通过了 ISO9001、HACCP、BRC、KOSHER、HALAL 等体系认证和 BSCI 社会责任审核。

公司生产的脱水蒜制品、盐渍蒜米、复水蒜粒实现批量出口到希腊、美国等国家，黑蒜出口到美国、印尼、泰国等国家。其中，2017 年盐渍蒜米的生产量达到全国总产量的 1/4，出口量实现全国第一，2018 年黑蒜酱也实现了国内首次出口。深加工产品的产业化生产和销售打破了传统单一的保鲜大蒜产品出口结构模式，推动了大蒜产业向价值链高端持续攀升。

2. 公司经营模式

（1）立足"特色"，夯实质量基础。邳州是全国闻名的大蒜之乡，大蒜种植已有两千多年的历史。得天独厚的气候和自然环境造就了邳州大蒜个大、皮白、抱头紧、易储存、含油高、辛辣度适中的优良品质。公司依托邳州大蒜这一特色资源优势，在上级出入境检验检疫等部门的监管和指导下，8.93 万亩优质出口大蒜种植基地严格按照绿色食品的种植生产规范，基于"公司 + 基地 + 农户"经营模式，从肥水运筹、病虫害防控入手，全面实施 GAP 良好农业规范认证体系。从种植源头上严把产品质量关，推行标准化管理，做到质量有标准，生产有流程，产品有标志，市场有监测，切实提高大蒜的品质和产量，健全的基地档案和标准实现了产品质量可追溯，与商检局配合更好的实施三同示范即同线、同质、同标，大蒜品质优于全国其他产区，被认定为出口食品"三同"示范企业，实现了农业增效和农民增收的双重效应。

随着消费者对产品品质、品牌提出的更高要求，眼下农产品已进入数量、质量、绿色生态发展并重的新阶段。最近，"邳州大蒜及其大蒜制品"成功获批国家生态原产地产品保护。

（2）注重"创新"，用科技打造高端市场。企业发展离不开科技进步，农产品企业更是如此。近年来，黎明食品把创新作为企业发展的重要引擎，持续加大科技研发投入，用工业化的理念发展农业。通过与山东大学、天津科技大学、山东农业大学等高校合作，研发生产黑蒜、蒜片、蒜粉、蒜粒、腌制蒜等系列大蒜精深加工新产品，成功把"一头蒜"做成"一头蒜的保健"。

（3）开拓"市场"，以"走出去"加快产品国际化。公司不断加快"走出去"步伐。2011 年，在大蒜进口份额最大的国家印度尼西亚成立全资子公司。企业积极融入国家"一带一路"倡议，2016 年在泰国成立分公司，2017 年在越南和巴基斯坦分别成立分公司。企业努力通过境外公司的推动，将自有品牌——"ZLM"牌保鲜大蒜这一国家生态原产地保护产品更多地输出国门，定位国际市场，实现营销的前沿化、多元化。

小蒜头、大市场，"ZLM"价值日益凸显，提升产品和企业竞争力，也带动大蒜产业的快速发展。在印尼，市场上销售的大蒜每卖 10 头就有 3 头是黎明食品生产的"ZLM"品牌大蒜。目前，黎明食品保鲜大蒜年出口量超 13 万吨，到 2019 年预计年出口量超 20 万吨，真正做到了以主带副的品牌连锁效应。

（4）适应形势，开拓"互联网 +"模式。为寻求企业发展新的增长点，实现产业经营模式创新，公司多渠道运用电子商务平台，采用“线上线下、前店后厂”的经营模式，在阿里巴巴平台上积极开拓国际贸易。目前公司在互联网的线上运营有天猫东方黎明食品专营店、天猫福多汇旗舰店、京东商城食品专营店、苏宁中华特产馆徐州馆等多个电子商务平台。做到线上线下多头并进，实现了“销售沟通无国界，产品推广无国界”的模式，改造和提升了传统农产品贸易模式，使得大蒜出口贸易由单一传统形式向融合数字化电商贸易阶段迈进，实现了引领“互联网＋农业”的模式推广，同时也推动了第三方物流业的联动发展。

3. 公司品牌与科技

公司自主品牌有“ZLM”“好蒜道”“爱立特”“张黎明”等，公司在加大“ZLM”牌保鲜大蒜品牌推广的同时，根据深加工产品产业化发展情况，不断加大了商标注册辐射范围，建立了品牌培育梯队，实现品牌在未来细分市场的多元化发展。持续实施品牌战略，不仅使企业保持高速发展的势头，也收获了国内外市场的广泛认同。先后收获了“中国驰名商标”“中国名牌农产品”“江苏省著名商标”以及“江苏省重点培育和发展的国际知名品牌”等。为助推“ZLM”等品牌全球化，企业相继在印度尼西亚成功注册“ZLM”牌和“张黎明”牌商标。

4. 履行社会责任方面

随着公司生产规模的扩大和产业链的延伸，较好的吸收农村剩余劳动力的就业，其中，大蒜产业链的延伸直接新增就业岗位80多个，每年吸纳季节性用工达1000余人。

公司2013年投资660万元进行苏口村和刘山村的基地高标准农田建设，主要建设内容为：疏浚项目区生产基地沟渠8.5千米，新建防渗灌溉渠道8千米，桥梁6座，涵管140座，渡槽6座，水泥道路7.8千米，砂石道路2千米，防护林网6500株，以及配套灌溉机械28台套，效果显著；2014年公司又投资390万元对殷庄村、黄墩村、辛家村等村实施高标准农田建桥修路建设，实现对企业周边种植区的惠农建设，不断履行企业的社会责任。

积极参加市政府组织的爱心奉献活动，2012年至今每年通过为慈善基金会捐款、携手徐州市青年志愿者协会开展黎明关爱留守儿童公益计划活动等方式捐款近200万元。

深耕大蒜产业，实现“创业发展，带富一方”。深耕大蒜产业，为耕者谋利，为食者造福。

黎明人将以全球化视野、开放性思维和创新精神，始终秉承“工匠精神”，立足自主创新，加快实施“多元化、品牌化、国际化”发展战略，真正发挥品牌在国内外市场的效益价值，向着“百年企业，百年品牌”的目标前进。

（五）大蒜深加工企业：绿而康脱水蔬菜食品有限公司

邯郸市绿而康脱水蔬菜食品有限公司，注册成立于2005年12月8日，注册资本500万元，位于邯郸滏东现代农业产业园内，南沿村镇西张寨村北，占地15亩，主要经营大蒜、洋葱、姜片、青椒、红椒等多种脱水蔬菜产品。

公司地处南沿村镇18万亩大蒜基地和60万亩蔬菜基地腹地，原材料丰富，产品质量过硬。2016年公司资产总额为3598万元，其中固定资产1552元；年销售收入3703万元，其中出口创汇收入达到148万美元，实现利润302万元，拥有各类职工345名。公司通过了美国HACCP管理体系认证、FDA、犹太的OU认证和英国的BRC等国际食品标准认证。通过这一系列认证，公司产品现已出口20多个国家和地区，深受国际市场欢迎，2017年成功列入河北省第一批农业科技小巨人企业。

公司在发展过程中，始终坚持原料本地化战略，充分利用公司周围优质大蒜基地的优势，采用签订购销合同、保护价收购等形式，与农户建立了互惠互利的生产销售关系，形成了“公司+基地+农户”的大蒜产业化链条。辐射带动周边农户6000户，直接安置农村剩余劳动力500余人。该公司16年与青岛森馨天然食品有限公司合作针对大蒜皮的综合利用进行研究，开发大蒜皮处理设备和产品，减少污染，同时可实现大蒜深加工产业链的延伸，为企业发展带来新的利润增长点。本项目可解决大蒜生产过程产生的大蒜皮废弃物随意丢弃造成的污染问题，同时为大蒜深加工产业的健康发展，为当地的环境保护提供新的途径。

二、大蒜市场案例：山东蒜都农产品物流园有限公司

山东蒜都农产品物流园有限公司位于山东省济宁市金乡县鱼山开发区。目前，山东蒜都农产品物流园已成为国内外最大的大蒜交易集散中心、价格形成中心、信息发布中心、物流配送中心、电子商务中心。市场先后与中国网库、阿里巴巴国际站、聪慧网、传神等著名国际电商进行了洽谈，把金乡大蒜国际交易市场打造成农产品跨境电商，形成买全国、卖世界的格局。形成了金乡大蒜、辣椒原产地全产业链一体化的经营模式。

该公司是由金乡大蒜国际交易市场、辣椒交易市场、农资交易市场、福瑞驰物流园、山东蒜都电商产业园，整合而成的一个集群化、专业化的农产品交易中心，形成了以大蒜、辣椒、化肥、农资等研发、种植、交易、仓储、物流为一体的专业化国际一流的交易市场，仓储能力达到23万吨。

金乡大蒜国际交易市场采用“市场+企业+电商”模式，实现了全程电子结算、全程网络监控、B2B电子商务平台、手机短信平台等现代化运营模式，大蒜行情手机短信服务固定用户已达到10万人，交易旺季市场内外从业人员达1万余人。市场是全国最大的单一农产品市场。市场年均交易量160万吨，冷藏物流吞吐量60万吨，覆盖全国十多个省市大蒜主产区，年交易额80亿元。

（资料来源：豆瓣、公司宣传册、《山东金乡大蒜市场调查》）

三、“互联网+企业”案例：中蒜大数据中心

中蒜大数据中心位于山东省济宁市金乡县鱼山街道隋楼村东东丰路南，其运营范围包

括网络技术研究、开发、推广服务；大蒜信息咨询服务；互联网信息系统集成服务；服务器租赁、托管；网站设计；计算机软硬件开发、销售。

中蒜大数据中心的运营模式为“互联网+大数据+农业（大蒜）”模式，运用不同的采集系统、采集技术，采集农资、气象、土壤、面积、亩产、电力、育种、苗情、流通、仓储、销售等多种数据块。汇总的云端（IDC），经过对宏观经济指标生产总值 GDP、消费指数 CPI、国际收支指数 BOP、投资指数 FAI、生产物价指数 PPI、采购指数 PMI 等进行分类、组态、清洗、梳理等技术进行多维多数据优化，建立块状数据模型，根据不同机构需求提取运算出需要的数据指标。

中蒜大数据中心由数据服务和应用技术处于国内领先水平的“中蒜网络科技有限公司”和大蒜农业生态产业链著名服务企业“中蒜仓储有限公司”发起建设。中蒜大数据中心通过实现数据块梳理与数据模型建设，并依据其大数据作用，整合数据段实现数据高度共享。带动周边蒜农从传统农民向新型产业化农民转变，传统农业向大数据农业转变，打造大蒜产业的“大数据农业云”。蒜农、蒜商、蒜企、政府可以方便地利用大数据指导生产、交易和产业结构调整，从而规避生产、交易风险，对供求关系提供可靠的宏观调控依据。

中蒜大数据中心的数据采集覆盖金乡周边 7 县区、山东、江苏、河南、云南等主要大蒜产区及东南亚、南美、北非、西欧、中东等地区大蒜市场。

（资料来源：中国新闻网、企业宣传单、公司官网、实地访谈调研整理）

四、大蒜主产区案例

（一）邳州大蒜主产区

邳州大蒜已有两千多年的历史，特殊的区位优势和历届政府的持续推动，大蒜产业得到迅猛发展，成为江苏省最大、全国有地位、国际上有影响的大蒜产业基地。目前无论从种植经验、冷储加工还是销售网络已基本成熟，成为当地的主导产业，也是农民增收的重要来源。

虽然早在两千多年前的西汉，邳州就有种植大蒜的记载，并且种植大蒜成为当地农民的习俗，但总体上讲，新中国成立前大蒜种植的总体规模较小，直到 20 世纪 70 年代末，邳州大蒜仍没有较大的发展，蒜田面积只在 2 万亩左右。大蒜的发展应该起步于 20 世纪 80 年代初期，发展于 1985 年之后，种蒜的面积迅速扩大，大蒜产业才逐渐形成。此后，大蒜产业的发展大体历经三个阶段：一是 1985～1995 年为探索阶段，二是 1996－2003 年快速发展阶段，三是 2004 年至今为巩固提升阶段。虽然经历了市场“蒜你狠”“蒜你贱”“蒜你晕”的波动，但大蒜常年面积一直维持在 50 万亩以上。邳州大蒜以其面积之大、产量之高、质量之优享誉国内外市场，并跻身于中国大蒜主产区之一。

邳州是全国第二大优质白蒜生产基地，常年种植面积 55 万亩以上，以宿羊山、碾庄、车辐山、赵墩、八义集、邳城、议堂、土山、八路等14个主产镇，辐射带动全市21镇种植大蒜。年产量60万吨，建有大蒜恒温库350余座，年储藏能力40万吨。以宿羊山、碾庄、车夫山、赵墩等镇为核心的大蒜种植基地，相继创建成全国绿色食品原料标准化生产基地、国家级出口农产品质量安全示范区、国家级外贸转型升级专业型示范基地、国家级农业产业化示范基地。邳州白蒜以“品相好、辣味适中、蒜油含量高、商品性佳”等特点，被誉为白蒜中的上品，优于山东与河南等地大蒜品种，深受国内外市场青睐。

邳州先后制定了《地理标注产品邳州白蒜》《大蒜地膜覆盖栽培及回收技术规程》《无公害大蒜生产技术规程》等省级、市级地方标准；指导大蒜生产加工企业备案《蜂蜜糖醋蒜》《蒜蓉》《黑蒜》《黑蒜发酵饮品》《黑蒜颗粒丸》等企业标准近20个。全市拥有大蒜中国驰名商标1个、中国名牌农产品1个、省名牌产品5个、省著名商标3个；黎明食品、恒丰宝食品等13家企业基地通过了GAP认证。黎明食品等多家公司在海外设立直营店或注册境外商标，邳州大蒜产品在国外的市场竞争力显著增强。2016年黎明牌大蒜、恒丰宝大蒜荣获农业部名牌农产品称号。2008年“邳州白蒜”被国家质检总局认定成为“国家地理标志保护产品”。在2015年国家地理标志保护产品区域品牌价值评价中，“邳州白蒜”以品牌强度791（历史传承、地理人文特征，保护效果、群众认可等方面综合评价），品牌价值达到141.53亿元，荣登地理标志保护产品第24位，初级农产品（含花卉）类地理标志产品第13位，与盱眙龙虾、镇江香醋成为江苏省仅有的三个区域公共品牌。2017年5月“邳州大蒜”通过国家生态原产地保护评定，这是江苏首个以政府为主体申报的国家生态原产地保护产品，实现了徐州地区国家原产地保护“零”的突破！

邳州以国家级农业产业化示范基地为核心，集聚了全省95%以上的大蒜出口企业。建成国家级出口大蒜质量安全示范区1个，省级出口大蒜示范基地9个，具备自营出口权的企业达33家。其中宿羊山大蒜基地2012年被国家质检总局批准为“国家级出口农产品示范区”，成为全国唯一镇级出口农产品示范区。目前全市有35家大蒜企业有自营出口权，出口的产品占中东大蒜市场的70%、中国大蒜出口量的10.1%、江苏省大蒜出口量的80%以上、徐州市大蒜出口量的95%，连续9年位居全省农产品出口县级第一，一直居全国同行业中领先地位，出口量和出口额总体保持稳步增长。

邳州市大蒜产业发展重视科技创新，依托江苏徐淮地区徐州农业科学研究所大蒜研究的科研成果，支撑产业发展。引进徐州农科所选育的头蒜新品种徐蒜815、徐蒜917和徐蒜918等系列品种，并建立良种繁育基地，生产大面积推广应用，已逐渐成为当地主推品种，为大蒜的品种更新换代奠定坚实基础。结合生产实际，共同开展大蒜栽植密度、播期、肥料（钾肥、复合微生物肥料）、双色地膜覆盖、激素（18%氯胆·萘乙酸、水杨酸、茉莉酸甲酯）对大蒜产量和品质的影响的研究，为大蒜高产栽培技术集成奠定基础；研究大蒜叶枯病发生规律和综合防控技术，明确了气候、品种类型、播期、栽培措施与大蒜叶枯病关系，建立了播前、播中、播后“三位一体”的综合防控体系；创新集成了大蒜-玉米、大蒜-鲜食毛豆、大蒜-水稻等周年生产模式，成为当地大蒜产区的主要栽培模式；研究开发了大蒜即食脆片、黑蒜酱、黑蒜酒等加工产品。建成黎明食品、绿之野食品、伟楼食品、国伟食品、永振蒜业等十余家大蒜深加工龙头企业，建成省级以上研发中心和工程技术中心5个，其中绿之野食品的国家地方联合工程研究中心和黎明食品的国家级大蒜研发中心，在产品研发和食品安全检测等方面走在全国大蒜产业的前列。

（二）金乡大蒜主产区

金乡县大蒜先后被国家评为中国名牌产品、A级绿色食品。1992年中国农业博览会白皮蒜最高银质奖章。1996年，金乡县被命名为“中国大蒜之乡”。2002年荣获上海大世界吉尼斯证报告。2003年，金乡大蒜无公害农产品标志获国家质检总局认证。2005年，金乡县大蒜荣获农业部有机产品认证。2006年，山东省政府把金乡县大蒜产业列为省十大重点发展农业产业之一。2008年11月，金乡大蒜国家标准正式实施，金乡大蒜国家标准的出台明确了金乡大蒜的概念，即金乡大蒜必须以地理标志保护区域范围内种植的大蒜为原料，并在地理标志保护区域范围内生产加工的产品。2015年金乡县大蒜获中欧10+10地理标志互认项目中方产品认证，“山东省首批知名农产品区域公用品牌”和“山东省十大地理标志商标”。多次在全国农产品交易会、有机食品博览会、绿色食品博览会上获得金奖。2016年品牌价值达到202.58亿元，全国位列第八。金乡县先后荣获“全国绿色食品原料（大蒜）标准化生产基地”“全国有机农业（大蒜）示范基地”“国家级农副产品加工示范基地”“国家级外贸转型升级（大蒜）专业示范基地”等多项国家级殊荣。2017年，金乡县被农业部批准首批建设“国家现代农业产业园”。成功塑造了“宏大”“华光”“鑫诺”“东运”等企业品牌形象，“成功人”“宏泰”注册商标被认定为山东省著名商标。

全县“三品”有效认证基地21处，面积192991亩，其中无公害农产品生产基地11处、面积148005亩，绿色食品生产基地8处、面积44136亩，有机食品生产基地2处、面积850亩；全国绿色食品原料（大蒜）标准化生产基地1处，面积300000亩；大蒜地理标志登记保护面积600000亩。金乡县大蒜生产标准已上升为国家标准，并建成了全国最早的有机大蒜生产基地。在国际上也形成了“世界大蒜看中国，中国大蒜看金乡”的局面。

目前，金乡县拥有大蒜储藏加工企业1700多家，农业产业化国家级重点龙头企业1家，省级龙头企业5家，市级龙头企业77家。全县恒温库贮藏能力200余万吨，年加工能力80万吨以上，研制开发出蒜油、蒜粉、蒜蓉、发酵黑蒜、硒蒜胶囊、大蒜多糖等深加工产品40多种，可实现7亿元的年销售额，被命名为国家级农副产品加工示范基地和国家农业产业化示范基地。金乡国际大蒜产业园年加工大蒜达110万吨，约占全国的三分之一，成为全国体量规模最大、科技含量最高、加工门类最全的大蒜精深加工专业园区。大蒜深加工产业集群也进入中国县域产业集群竞争力100强。金乡县大蒜产业已形成了集标准化种植、科研开发、保鲜储存、精深加工及国际市场流通等一条完整的现代产业链条。

随着大蒜产业不断发展，第一、二、三产业融合水平切实提高。金乡县以食品园区为依托，加快开发大蒜功能食品、大蒜生物医药制品、饲料添加剂等精深加工制品。目前，已研制开发出大蒜素胶囊、蒜氨酸口服液、大蒜黄酮胶囊等高附加值的深加工产品 40 多种，产业链条进一步延伸。借助互联网优势，培育孵化自身电子商务平台，组建了中国大蒜产业信息联盟。联盟成员单位覆盖山东、四川等 20 个大蒜产区，形成了涵盖全国大蒜产区的信息平台。金乡县建成运营 3 处信息产业园，引进乐村淘、买卖惠等一大批知名企业，启动了阿里巴巴淘宝村和京东商城金乡特色馆，拥有电商企业、网络商店 3000 余家，建立了覆盖县、镇、村三级的电商服务体系，创建成为省级电子商务示范区。同时，为破解大蒜信息不对称、价格不稳定等问题，建设运行了“中国·金乡大蒜指数”平台，定期发布“大蒜价格指数”，金乡正加速实现由大蒜“种植中心”向“价格形成中心”的转变。

目前，金乡县拥有大蒜储藏加工企业 1700 多家，年销售收入 500 万元以上的企业 1200 多家，其中，有 1 家国家级农业产业化龙头企业，7 家省级农业产业化龙头企业，77 家市级龙头企业集团。深加工企业 200 多家，有自营进出口权的企业有 108 家。实行“龙头企业 + 基地 + 合作社 + 农户”模式，企业建立种植基地，与大蒜专业合作社签订协议，通过基地和合作社组织带动当地农民，针对企业需求进行种植，与合作社签订种植收购合同，约定保护价收购合作社产品，同时企业实施二次分红返利，把生产加工销售利润按比例返利于社员，增强了企业与农户、市场与农户、农户之间的关联度，发展多种形式适度规模化经营，成效显著。

（三）邯郸大蒜主产区

永年大蒜是河北省的名特产之一，永年大蒜地理标志产品保护范围为邯郸滏东现代农业产业园现辖行政区域。其生产历史悠久，产区集中旧称广府蒜。由于集中产在滏阳河沿岸，特别是南沿村一带，故永年大蒜一般称沿村大蒜。永年大蒜的特点是蒜头大，皮薄、瓣肥、肉细、味美，辣中带甜，蒜泥汁多，且黏稠不干，历来被人们视为上乘调味品，生熟食用俱佳。在各种宴会和家庭便饭餐桌上，都能看到其踪迹。冀南城乡饭食业，大蒜是必备品。冀北一带有“吃面条不就蒜等于白吃”之说。

大蒜是四辣蔬菜之一，原产于地势高爽、气候干燥的亚洲西部地区，汉代时传入我国，明朝时传入永年县，其时在西沿村到南沿村一带修建的“西八闸”使滏阳河水可以引来自流进行灌溉，再加上“下坡地”土质肥沃，保肥保水能力强，给大蒜生产提供了优越而必要的条件。到现在种植已有 500 多年的历史，是永年蔬菜之中一大特产。

永年大蒜除食用外，还有较高药用价值。所谓“蒜解五毒”，大蒜不但可以杀菌，且对急慢性肠炎有独特疗效。近年科研发现，适量服用大蒜，具有降低胆固醇、防治高血压、肠炎、抑制癌细胞发生等有一定的作用。大蒜所富含的大蒜素、有机锗、硒、超氧化歧化酶（SOD）均较其他产地高。其蒜汁黏、味辛、郁香、蒜泥隔夜不变味；虽大蒜小但粒大、匀实，是传统的“四、六、八”瓣白皮蒜，加工成的盐渍蒜米、脱水蒜片（粒）出口到世界许多国家，深受客户喜爱。

1982 年，对大蒜综合丰产技术进行了专题研究开发，对引进的大量外地优良品种进行了筛选，同时试验成功了用地膜覆盖大蒜栽培技术。蒜薹亩产从 400 ~ 600 斤猛增到 800 ~ 1000 斤，以其细长、风味好、耐储且储藏期间不发生水质化闻名全国；大蒜从每亩 800 ~ 1000 斤提高到 1400 ~ 1600 斤。因而很快为农民所接受，不推自广，形成了以“下坡地”（南大堡一带）为中心的大蒜集中产区。大蒜又是永年蔬菜中的名特产品。长期以来，由于大蒜种植处于自发状态，管理粗放，导致品种退化，产量少，效益低。1998 年 5 月 21 日，永年大蒜被国家列为“全国高产优质高效农业标准化示范区项目”。

邯郸经开区大蒜种植基地涉及姚寨乡、小西堡乡、南沿村镇的李寨、田寨、胡寨、韩寨、璩屯、谭庄等 16 个自然村庄，是地理标志性保护产品“永年大蒜”共享品牌，早在明代就曾被列为“贡品”，并在世界最大的食品博览会——芝加哥食品博览会获得广泛好评，名扬海内外。

邯郸经开区现有大蒜种植面积 3 万多亩，带动周边地区种植 6 万多亩，年产大蒜 7. 5 万吨，蒜薹 6. 5 万吨，年产值约 12 亿元。区内拥有华裕永诚、绿而康蔬菜、古城腌制等大蒜加工企业 50 多家，有自主出口经营权的企业 10 多家。大蒜加工品种包括腌制品、蒜片、蒜米、蒜粉、蒜粒，产品出口美国、加拿大、英国、法国、韩国、日本、印度、中国台湾等 50 余个国家和地区。从品质上讲，知名度和美誉度全国乃至全世界第一。2017 年全国大蒜加工产品——蒜片产量约 8 万吨，其中 3 万吨产自邯郸经开区，占全国产量的三分之一。

随着国家现代农业产业园创建工作的开展，经开区依托华裕永诚、绿而康蔬菜等大蒜加工龙头企业，以“发展绿色大蒜”为主题，以“带动农户共同致富”为宗旨，大力发展现代化高标准绿色大蒜种植。按照“公司 + 合作社 + 基地 + 农户”的农业产业化经验之路，发展订单农业，农户根据订单要求和数量按照统一供种、统一播种、统一田间管理、统一技术措施、统一收获的“五统一”模式开展生产。形成龙头企业带动基地，基地引领农户的发展模式，推动经开区大蒜产业上档升级。

附 录

一、大蒜的起源

（一）世界大蒜的起源

纵观世界的几个人类古文明发祥地的历史，都留下了关于大蒜的记载。根据1911年考古学家们在挖掘埃及法老位于艾马哈斯那陵墓时在墓穴里发现了类似蒜头的模型，专家据此推测早在古埃及前王朝时期（公元前4000年前后）人类已把大蒜视若珍宝。根据苏美尔人的楔形文字描述，在公元前2300年苏美尔人的食谱包括谷类、豆类、洋葱、大蒜、韭葱和其他蔬菜以及鱼等品种。在古埃及等地中海地区，大蒜这种流行的植物被认为是强化工人、水手和罗马军队士兵理想的食品，有学者称“人们可以按照罗马军团和帝国扩张范围地图绘制大蒜图谱”。在古埃及大蒜是日常饮食中不可缺少的一部分，人们认为经常食用大蒜可保持和加强体力，提高工作效率。古埃及医典《艾伯斯手卷》里有用大蒜治疗多种疾病的药方。《旧约·民数记》中也有以色列人对大蒜的记载：“在埃及的时候，我们常吃大蒜等好吃的东西。”犹太圣典《塔木德经》里则记载用大蒜头来治疗感染以及其他疾病。古希腊医学创始人希波克拉底流传下来的处方，曾用大蒜入方来治许多种疾病。早期的奥林匹克运动员曾把大蒜作为灵丹妙药，用来增强体力提高运动成绩。在古罗马凯撒大帝远征时，令其士兵和水手每天食用大蒜，以增强体力抵抗瘟疫流行，预防感染和中毒。古印度人也经常吃大蒜，来增进智力和体力。印度医学的创始人查拉克评价“大蒜实际价值比黄金还高”，在医典《揭罗迦本集》中则用蒜头来治疗心脏病及关节炎。

关于大蒜起源，学者意见并不统一。第一种说法是，大蒜原产于亚洲西部高原地区和地中海沿岸地区。古埃及、古罗马和古希腊是有文献记载的几个大蒜栽培地区。中亚的塔吉克斯坦、土库曼斯坦、乌兹别克斯坦、伊朗北部、阿富汗以及巴基斯坦等地区的高山地区是最早培育大蒜的地区，整个天山山脉是世界大蒜源产地的中心；第二种说法是，大蒜起源于北亚的西伯利亚地区；第三种说法是，大蒜原产于欧洲南部和中亚，最早在古埃及、古罗马、古希腊等地中海沿岸国家栽培。学者意见虽然不完全一致，但是大蒜起源于亚洲地区基本可以达成共识。

（二）中国大蒜的起源

大蒜在我国栽培历史悠久，已有两千多年历史。在中国古代，关于蒜的文字记载最早见诸《夏小正》一书，最初称是卵蒜，即小蒜，并非现在的大蒜。现在的大蒜是西汉张骞第二次出使西域时引进的。西晋文学家张华所著《博物志》（卷六）中记载："张骞使西域还，得大蒜、番石榴、胡桃、胡葱、苜蓿、胡荽。"北魏贾思勰《齐民要术·种蒜篇》也记述："张骞周流绝域，始得大蒜、葡萄、苜蓿"。晋朝郭义恭著《广志》记载："蒜，有胡蒜，小蒜。"大蒜在我国和国外用来食用和治病的历史悠久，有"地里生长的青霉素"之称。

二、大蒜名特优新农产品目录

2013 年度全国大蒜名特优新农产品目录

序号	申报产品	申报单位	申报单位推荐的生产单位
1	长凝大蒜	山西省晋中市榆次区农业委员会	晋中市榆次区金鑫种植专业合作社
2	耿庄大蒜	辽宁省海城市农村经济局	海城市宏日种植专业合作社
3	邳州大蒜	江苏省邳州市农业委员会	徐州黎明食品有限公司
			邳州恒丰宝食品有限公司
4	上高紫皮大蒜	江西省上高县农业局	上高县绿野紫皮大蒜专业合作社
			上高县永盛种植专业合作社
			上高县锦田蔬菜种植专业合作社
5	花官蒜薹	山东省广饶县农林局	广饶县花官大蒜协会
6	民乐紫皮大蒜	甘肃省民乐县农业委员会	民乐县洪水大蒜种植专业合作社
7	古宅大蒜	厦门市翔安区农林水利局	厦门齐翔食品有限公司

2015 年度全国大蒜名特优新农产品目录

序号	申报产品	申报单位	申报单位推荐的生产单位
1	宝坻大蒜	天津市宝坻区种植业发展服务中心	天津市百姓—兰梓农作物种植专业合作社
			天津市宝坻区旺盛农产品产销专业合作社
2	永年大蒜	永年县农牧局	永年县永健蔬菜专业合作社
3	耿庄大蒜	海城市农村经济局	海城市宏日种植专业合作社
4	邳州大蒜	邳州市农业委员会	徐州黎明食品有限公司
			邳州恒丰宝食品有限公司
6	金乡大蒜	金乡县农业局	金乡县华光食品进出口有限公司

2017 年度全国大蒜名特优新农产品目录

序号	申报产品	申报单位	申报单位推荐的生产单位
1	叶路大蒜	黄州区农业局	湖北福耕投资有限公司

三、国内大蒜产业相关研究

［1］陈运起，徐坤，刘世琦．中国葱姜蒜产业现状与展望［J］．山东蔬菜，2009，(1)：5 -7.

［2］高宇，石杰，宋淑敏，王云云，刘淑霞，刘伟伟．大蒜的营养成分、功效及开发利用［J］．养殖技术顾问，2011，(2)：43.

［3］刘晓欣，梁志杰．“蒜你狠”“姜你军”现象频现投机资金为什么热衷炒作小宗农产品［J］．人民论坛，2017，(2)：86 -87.

［4］李京栋，张吉国．中国小品种农产品价格波动特征及其影响因素——基于2005—2014 年大蒜价格数据的实证分析［J］．湖南农业大学学报（社会科学版），2015，16（4）：8 -15.

［5］崔娜，柳春，胡春田．中国对外直接投资效率、投资风险与东道国制度——来自“一带一路”沿线投资的经验证据［J］．山西财经大学学报，2017，39（04）：27 -38.

［6］关于山东省农产品出口工作的考察书［EB/OL］．［2016 -09 -21］. http：//www. hnrd. gov. cn/Info. aspx? ModelId =1&Id =7228

［7］李福娣．从出口角度看我国大蒜产业现状与转变［J］．时代金融，2014，(18)：44 +47.

［8］李国祥，杨正周．山东金乡大蒜市场调查［J］．山东经济战略研究，2012，(10)：31 -33.

［9］马招弟，丁天娇．中国大蒜出口贸易现状研究［J］．农村经济与科技，2017，28（2)：64 +266

［10］乔立娟．蔬菜产业生产经营主体风险管理研究［D］．河北农业大学，2014.

［11］乔雯，杨平，易法海．日本对华农业直接投资与中日农产品贸易的关系研究［J］．世界经济研究，2008，(02)：74 -79 +88.

［12］乔雯．中国与日韩两国的农业经贸关系研究［D］．华中农业大学，2008.

［13］苏钦东．大蒜生产与出口状况分析及展望［J］．农产品加工，2008（3)：214 -218.

［14］王慧全．中国大蒜贸易和生产加工情况分析［J］．中国果菜，2013，(2)：46 -49.

［15］肖小勇，李崇光．我国大蒜出口的“大国效应”研究［J］．国际贸易问题，2013（8）.

［16］张吉国．中国大蒜出口态势与发展研究［J］．农业经济问题，2009（9）：95－99.

［17］欧雪辉，罗峦．我国大蒜产品国际竞争力的实证分析［J］．对外经贸，2012，（3）：12－14＋20.

［18］沈燕．中韩农产品贸易现状及竞争力分析［D］．南京农业大学，2007.

［19］张强莉．我国大蒜产品国际竞争力分析［J］．农村经济，2006，（8）：89－91.

［20］赵海燕，韩啸，余洁，白凌子，何忠伟．中国大蒜产业国际竞争力研究［J］．农业展望，2013，（5）：55－59.

［21］严丹．“蒜你狠”、“蒜你贱”现象交替出现的经济学分析［J］．价格理论与实践，2012（6）：40－41.

［22］傅阳．基于供应链视角探究大蒜价格异常波动的原因及对策［D］．复旦大学，2011.

［23］高鸿业．西方经济学（第五版）［M］．北京：中国人民大学出版社，2011年1月第5版．

［24］邵作昌．农产品价格波动的经济学解释——以大蒜价格波动为例研究稳定对策［J］．农业经济，2011（1）：23－25.

［25］周新德．我国小宗农产品价格怪圈治理研究——基于对大蒜价格异常波动的分析与思考［J］．价格理论与实践，2013（10）：48－49.

［26］姚升，周应恒．我国大蒜价格波动特征分析——基于ARCH类模型的实证分析［J］．价格理论与实践，2012（10）：54－55.

［27］邱书钦．我国大蒜价格波动周期和特征分析［J］．统计与决策，2013（15）：97－100.

［28］张利庠，张喜才，陈姝彤．游资对农产品价格波动有影响吗——基于大蒜价格波动的案例研究［J］．农业技术经济，2010（12）：60－67.

［29］王俊芹，李宪松，赵邦宏．我国苹果价格波动特征及影响因素分析［J］．中国果树，2013（02）：69－72.

［30］姜辉，查伟华．我国大蒜价格波动成因及政策调控研究［J］．价格理论与实践，2016（10）：112－115.

［31］李辉尚，马娟娟，沈辰，杨唯，刘继芳．我国马铃薯价格波动规律研究——基于X－12和H－P滤波法的实证分析［J］．中国蔬菜，2017（2）：60－66.

［32］王娟．中国新一轮农产品价格波动的审视与剖析——“中国城乡市场协调发展高峰论坛”观点综述［J］．商业经济与管理，2011（11）：24－29.

［33］李伟伟．基于复杂网络的我国蔬菜价格波动及传导特征研究［D］．中国地质大学（北京），2016.

［34］刘丽红．北京市蔬菜价格形成机制及调控政策研究［D］．中国农业科学院，2015.

［35］胡友．水果价格形成、波动及调控政策研究［D］．华中农业大学，2014.

［36］刘玲．我国蔬菜价格波动特征与传导机制研究［D］．山东农业大学，2017.

［37］李彩彩．山东省大蒜价格波动特征及影响因素分析［D］．吉林农业大学，2017.

［38］代金辉，马树才，刘宏岩．社会发展水平统计指标体系的构建与评价［J］．统计与决策，2018，34（1）：30－33.

［39］河南中牟等地蒜你狠再发威，投机者炒作称挣 100 万［EB/OL］. 大河网．http：//m. chinadaily. com. cn/cn/2016－04/18/content_ 24641314. htm。

［40］蒜你狠［EB/OL］．百度百科．https：//wapbaike. baidu. com/item/% E8% 92% 9C% E4% BD% A0% E7% 8B% A0/2274029？fr = aladdin.

［41］想知道 2016 年蒜你狠涨价原因吗？为何蒜你狠卷土重来？［EB/OL］．中国鸡蛋网．http：//m. www. cnjidan. com/news/824162/

［42］三大因素导致“蒜你狠”［EB/OL］．大众网－大众日报．http：//3g. 163. com/news/article/C89K906R00014SEH. html？clickfrom = baidu_ adapt

［43］财·发现：“蒜你狠”卷土重来，背后真相竟然是……［EB/OL］．新华网．https：//3g. 163. com/news/article/C5GMP5K3000187V5. html

［44］景长勇，纪献兵，凌绍华．大蒜加工废水处理工程实践中国给水排水［J］．2016，32（22）：124－127.

［45］赵大传，王伟．ABR－BAF 组合工艺处理大蒜切片废水［J］．山东大学学报：理学版，2009，44（3）：28－31.

四、新闻报道

“蒜你狠”变“蒜你完”经销商不惜血本甩货

2017 年 11 月 6 日　来源：《中国证券报》

在 2016 年的“蒜你狠”之后，今年“蒜你完”接踵而至。因价格过山车被称为“白老虎”的大蒜，其背后的囤蒜产业链遭遇重创，一些经销商不惜血本地甩货背后，大蒜产业怪圈再度引发关注。

从大肆囤蒜到不惜血本甩货

清仓了 100 多吨的库囤蒜之后，囤蒜商刘先生长出了一口气，“终于甩出去了。”他如释重负地说。这笔生意，他总共亏损了十几万元。刘先生的“事迹”，已经成为当下蒜市被投机砸了脚的囤货商的一个特写。

中国证券报记者统计发现，最近一年多中，在“中国大蒜之乡”——山东省济宁市金乡县，库内大蒜价格从 2016 年 9 月至今年 3 月 20 日附近一直维持在 7 元/斤，随后价格一路上涨，到 4 月底 5 月初一度涨到了 10. 5 元/斤，随后价格出现断崖式下跌，至今跌至2.2元附近，较最高价格跌幅达79%。

在这段时间里，大蒜价格跌幅已经大大超过“腰斩”程度，几乎可以用“脚踝斩”来形容。在北京新发地批发市场，截至10月31日，金乡大蒜报价2.30～2.40元/斤（库内5.5厘米）；河南大蒜报价2.60元/斤左右（库内大混级），邳州蒜报价3.15元/斤左右（库内6.5厘米）、2.85～2.90元/斤（库内6.0厘米）。记者走访市内多家超市发现，目前超市售卖的大蒜价格在每斤5元附近。

一位超市工作人员介绍说：“去年同期，大蒜价格一度突破了十块（每斤），今年最低的时候只有三四块，想不到会跌到这么低。”

随着大蒜掉价，大肆囤蒜、高价囤货、囤蒜商之间相互倒手这样热闹的“洛阳纸贵”景象一去不复返，取而代之的是囤蒜商争相出货，一些人甚至不惜血本地清仓。据介绍，前期冷库囤蒜的经销商，很多人现在每吨至少要亏损一千多元。

刘先生就是这波打错“蒜盘”的囤蒜商之一。今年，他在2.7元/斤附近收的大蒜，加上入库成本等各项费用，每斤囤蒜的成本在三块多，而他刚刚出手清仓的蒜价还不到2元/斤。也就是说，每斤要亏掉一块多。“统共下来亏了16万多，但幸亏都出手了，再往后还不知道会跌成什么样子。”他说。要知道，在2012年的“蒜你惨”中，蒜价一度跌到了每斤1元以下。

据业内人士介绍，像刘先生这样的交易模式，在当地被称作“炒蒜”。在2010和2016年，蒜价涨到每斤4元多的时候，还有人大量囤蒜。“炒蒜商”之间还会相互倒手，当这批蒜走到消费者手中的时候，已经加过了好几轮价。像这样发“大蒜财”的人每年都有一波。

卓创资讯农产品分析师崔晓娜表示，“炒蒜人”一般是长期钻营在大蒜经销链条上的“业内人”，他们从供应链角度看到商机，通过囤货、鼓动农民惜售等方式人为抬高蒜价，然后伺机抛售，牟取利润。这其中不乏资金抱团的现象。

蒜价周期是决定“炒蒜商”“战绩”的重要指标，在2009～2010年的“蒜你狠”周期中，大蒜价格一度疯涨超过100倍，甚至超过肉和鸡蛋价格；在2016年最近一轮的“蒜你狠”中，大蒜全年批发均价为每千克11元，同比涨88%，比2010年历史高位涨22.9%。

本期望像去年一样再捞一笔的囤蒜商今年彻底“失蒜”了。据山东一位大蒜经纪人张先生介绍，今年全国大蒜价格普遍下跌，当地冷库蒜开卖之后，价格起起伏伏，最低跌到了1.9元/近，这让很多囤蒜的人吃了大亏，一些资金实力雄厚的还能“咬牙”撑一撑，对一些小户甚至借钱囤蒜的人来说，真是有苦说不出。

大蒜的周期

有专家指出，大蒜价格暴涨暴跌的“蒜周期”已成为农产品价格波动的一个样本。农产品的价格周期，主要是由于农产品供求易陷入一个被称为“发散型蛛网”的循环：一旦某种农产品价格大涨，往往会吸引大批农户跟风种植，随后因供大于求而价格暴跌，导致农户纷纷放弃种植，然后又因产量大幅减少而价格暴涨。

此外，据业内人士介绍，气候因素及地方扶持也是促成供求失衡和蒜价波动的重要原因。据了解，在大蒜价格大涨期间，一些大蒜产区的地方政府见有利可图，盲目引导农民种植大蒜，甚至以发放补贴的形式鼓励农民种植大蒜。

“金乡县大蒜种植面积截至10月24日为62万亩，现在大蒜种植还没有完全结束，2016年金乡县种植大蒜61.60万亩，同比上涨0.65%，大蒜种植面积与去年基本持平，由于今年大蒜种植期雨水多，个别乡镇淤地种植还没有结束，预计今年大蒜完全种植结束后，全县大蒜种植面积将小幅上涨。”山东金乡市场寻广岭调研表示，预计全国大蒜种植面积与去年持平或者略降。

中国农科院在2017年1月的一份书中提到，去年10月大蒜播种面积保守预计约增长10%。

库存方面，寻广岭表示，今年大蒜库存量大，全国大蒜库存量在320万吨，比2016年大蒜库存量增加了105万吨。金乡及周边有冷库3700个库洞左右，能储存大蒜的库洞大约在2650个，按每个库洞800吨计算，金乡及周边大约储存大蒜大约212万吨，金乡县大蒜库存量有155万吨左右，比2016年大蒜库存量122万吨增加了33万吨，大蒜库存量同比上涨27.05%，大蒜库存量大幅上涨，创大蒜库存的历史新高。

崔晓娜认为，供给量增加是今年大蒜价格下降的主要原因。她表示，去年的大蒜价格偏高令蒜农增加了收益，去年秋天主产区的农户都增加了大蒜种植面积，而且播种后气温适宜大蒜生长，大蒜种植面积和产量都出现增加。整体供给量提升。

其实，今年初夏指出的蒜薹泛滥已经为下半年“蒜你惨”的到来发出预警。

今年5月初，蒜薹价格暴跌，蒜农雇不起人抽蒜薹，直接将大量蒜薹免费送人或者扔掉的消息弥漫了网络。山东部分大蒜产区的蒜薹收购价低至每斤一两毛钱。一则河南大蒜种植户用电动车将大量新鲜蒜薹抛入河中的新闻及图片令人唏嘘。

本轮蒜价剧烈波动背后，所谓的炒蒜商这类投机者也被认为是推手之一。据魏先生分析，投机资金的涌入让大蒜的涨价出现“虚火”，大蒜需求并没有明显增长。大蒜加工出口今年也增长有限。相关数据显示，今年前1~9月，全国大蒜累计出口量为126.58万吨，相比2016年同期的116.82万吨仅增加了8%。

“去年大蒜收购价格太高，对大蒜出口造成了不利影响；此外，印度尼西亚贸易部2012第60号部长条例实施后，印度尼西亚政府对大蒜进口施行配额管理。印度尼西亚是中国大蒜最大的传统出口市场，中国对印度尼西亚大蒜出口受到较大影响。此外，世界经济低迷等因素也对大蒜出口造成不利影响。”业内人士对《中国证券报》记者介绍说。

农户缘何仍扩种

不过，虽然“炒蒜”者大面积蚀本，但对于蒜农来说却并没有大亏其本，甚至在今年继续“扩种”：不仅山东、河南、江苏等主产区面积增加，一些小产区大蒜面积扩大更为明显。据介绍，东北大蒜为4月播种，9月上市；山东等地为一年两季，一季是10月播种，次年4、5月上市。

一位金乡蒜农介绍说，自己在早些时候将手中的大蒜以2.3元/斤的价格进行出售，除去化肥等各种成本，每亩地大概能挣1000多元。

“虽然今年蒜价大跌，但仍有不少地区出现扩种，如中牟和邳州周边地区就出现了小量扩种。”据业内人士介绍，农民继续种植大蒜的理由主要有如下几点：一是“赌博心理”，由于今年大蒜价格偏低，一些蒜农以为今年大蒜种植面积肯定会有所减少，从而导致来年大蒜价格可能出现大涨，如果“赌对了”，那么2018年便能发“蒜”财；二是由于今年蒜价下跌，蒜种价格同样下降，一亩地比去年要低约千元，如此，只要来年大蒜高于今年便不会赔本；三是根据农户经验，一般情况下，种蒜效益要高于种小麦。

更重要的是，“近两年大蒜保险的出现和扩大覆盖范围令一些农民摆脱了恐慌心理，安心种蒜。”刘先生说道。

据了解，在山东金乡县，2015年共投保大蒜16.7万亩，占全县大蒜种植面积的25%，而今年投保大蒜已经达到60万亩，基本实现大蒜目标价格保险全覆盖。此外，2017年大蒜保险目标价格为2.00元/公斤，比去年的大蒜目标价格1.73元/公斤上涨了0.27元/公斤；保费降为200元/亩，农户自愿参保，参保农户只需缴纳每亩40元的保费。

不过，分析人士表示，蒜农能否获益取决于来年的蒜价。从目前来看，近期气候对大蒜苗情没有妨碍，如果不出现大的自然灾害，来年大蒜丰收已成定局。此外，种植规模化趋势之下，成本下降也是大势所趋，仅人工成本一项，机械种蒜就能将成本降低40%以上。保险产品虽然大幅缓解了农户种植压力，但大蒜价格“过山车”的产业怪圈仍待破解。

2017年中国大蒜出口回顾出口量有望创新高

2018年1月12日　来源：《国际果蔬》

根据2017年1～11月的海关数据统计，中国大蒜产品出口达到180.3万吨，货值31.1亿美元，与2016年同比分别增加8.8%和减少5.8%，呈现出量升近几个月大蒜出口连创新高，预计2017年大蒜出口总量有望超过2015年193万吨的历史纪录创下新高。出口的大蒜分为保鲜大蒜、干制大蒜、盐水大蒜和醋渍大蒜。其中保鲜大蒜和干制大蒜是出口的主要品种，分别占88.6%和10.6%的份额。在出口市场方面，印度尼西亚虽然不断加强对中国大蒜进口的限制，但由于其国内需求庞大，仍然是中国大蒜出口的第一市场，占总出口量的25%左右。越南和马来西亚排在二、三位。

2017年中国大蒜出口呈现两个明显的阶段。1～5月延续去年蒜价高涨的走势，出口蒜价一直处于高位，平均出口单价达到每吨2474.6美元，最高达到每吨2690美元的水平。受价格影响，出口持续萎缩，出口量也比去年同期下降了8.8%。6月是大蒜市场的转折点，伴随着新蒜大量上市，加上今年大蒜产量的大幅增长，大蒜价格大跳水。6月大蒜出口单价仅为每吨1291.8美元，比5月每吨下降了近1000美元，因此大蒜出口有了爆发式的增长，当月出口量达到28.6万吨，创下了月出口的历史纪录。之后出口价格虽有小幅回暖，但都保持在每吨1300美元左右，6～11月大蒜出口同比增长了22.1%。12月若继续保持这一增速，全年出口量有望创新的历史纪录。

中国大蒜的种植面积和产量分别占世界大蒜种植面积和总产量的58.43%和80.86%，均以绝对优势排在世界首位。且其单产也有较大优势，2015年中国大蒜单产水平为每公顷23吨，仅次于乌兹别克斯坦和埃及的每公顷24吨和埃及的每公顷24吨。目前中国大蒜出口约占世界大蒜贸易量的90%，在国际市场上具有绝对的竞争力，但仍存在着一下几个问题。

首先，大蒜价格极不稳定。2009年、2012年和今年的大蒜价格"大跳水"，使得广大种植户和经销商出现丰产不丰收的现象。很多出口企业为了获得国外市场用较低的价格在国外市场出售，出现了出口多创汇少的局面。这也很难和那些在生产组织上已经产业化、集约化、规模化的国家的大蒜经销商竞争。

其次，中国出口大蒜口加工程度低，以初级产品为主。中国大蒜出口以新鲜和冷藏大蒜为主，高附加值产品较少。国内大蒜深加工企业少，即使在中国最大的大蒜集散地山东省金乡县深加工企业也处于起步阶段，规模很小技术水平也较差，其他深加工和高科技的产品比例更小。从而使得我国大蒜产品在国际市场上竞争力有限，出口抗风险能力薄弱。

最后，大蒜出口遭遇了国外严重的绿色贸易壁垒。在激烈的国际竞争市场中，农产品检测标准也越来越严格。植物检疫已成为我国大蒜出口潜在的最大风险。由于中国很多蒜农在种植大蒜时不合理使用化肥和农药，导致大蒜中出现严重农药残留问题。已有多个国家对大蒜提出了明确的检测项目和检测限量，欧盟对我国大蒜检测项目多达124种，日本检测项目多达212种。韩国严格限制我对韩出口数量，欧盟、泰国等国对我实行进口配额限制，印度尼西亚也将对大蒜进口实施许可证制度。这些贸易壁垒在很大程度上限制了中国大蒜的国际市场空间。

2017中国农产品流通大数据白皮书——大蒜篇

2018年2月9日　来源：中农数据研发部

我国是世界上大蒜的生产大国，种植面积常年稳定在800万亩以上，占世界大蒜种植面积的58%，年产大蒜800万～1000万吨，占世界大蒜总产量近八成，大蒜主产区分为北方和南方。南方主产区以云南大理为主，主要生产独头蒜和紫皮蒜，每年8月种植，次年2月前后上市；北方主产区，集中在山东金乡、河南中牟、江苏邳州一带，每年5月前后上市。每年库蒜销售时间是8个月。

大蒜是我国传统的小宗农产品，市场敏感度高，价格波动频繁，极易暴涨暴跌，颇受市场关注。

1. “蒜你狠”变“蒜你贱”

2017 年大蒜价格高位回落，“蒜你贱”重出江湖，同时宣告本轮蒜周期陷入低潮，年均价为 5.1 元/斤，与去年相比，下跌 13.12%。

自 2015 年开始，蒜价开始持续走高，由于市场行情回暖，蒜农种植积极性提高，使得 2016 年大蒜种植面积大幅增加，但市场供应并没有明显改善，主要是由于 2015 年年末和 2016 年年初的寒潮灾害天气影响，部分大蒜主产区受灾，单产和总产均一定程度减少，在 2016 年新蒜上市后，大蒜减产预期得到确认，供求关系失衡使得大蒜开启新一轮上涨，价格强势格局一直持续到 2017 年 5 月份，全国大蒜批发均价一度达到 7.4 元/斤，创下历史新高。

受 2016 年大蒜高企价格刺激，秋播大蒜面积大幅增加，这直接促使 2017 年新蒜季大蒜收获量迭创新高，整体市场供给充裕，使得大蒜价格自 6 月以来大幅下滑，颓势一直持续到年末。

分地区来看，2017 年吉林大蒜价位相对较高，而河南蒜价相对较低，主要由于东北地区天气较为寒冷，大蒜物流运输成本较高，河南、山东等地是我国大蒜的主产地，蒜价相对较低；2016 年大蒜呈现普遍上涨的态势；2015 年大蒜价格地域差异不明显，价格维持在 2 ~4 元/斤。

从全国主要城市近三年大蒜年均价比较来看，南京大蒜价格总体偏高，2016 年大蒜均价近 7 元/斤，创下历史新高；而上海总体价格偏低，近三年年均价大致在 3 -4 元/斤。此外，经济发展水平和大蒜价格并没有直接的关系，整体上看，一线城市和二线城市，蒜价差距不是很明显。

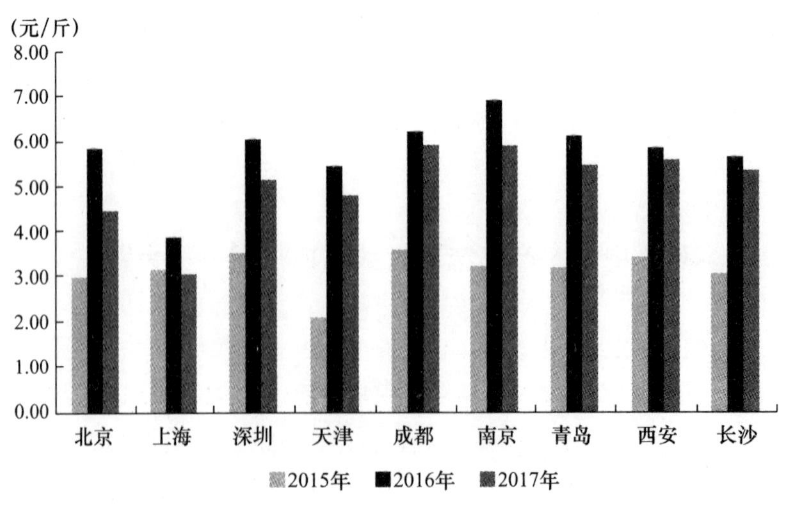

2015 ~2017 年全国主要城市大蒜年均价比较

2. 种植面积扩增，产量大幅增加

由于 2016 年蒜价过高，新蒜季农户种蒜积极性显著提高，使得大蒜种植面积大幅度增加，据相关数据统计，2017 年大蒜收获面积在 800 万亩左右，创历史新高；由于主产区天气整体较好，大蒜单产也有明显提高，预计 2017 年，大蒜总产量为 900 万吨，比 2016 年高出 30%。

3. 大蒜出口稳中略增

据海关统计，2017 年 1～11 月份供出口大蒜及其制品 180.3 万吨，今年有望创大蒜及其制品出口历史纪录，11 月份全国出口大蒜 16.046 万吨，环比上涨 37.02%，大蒜出口量陡升，同比上涨 24.19%，大蒜出口量大幅上涨。考虑到国外消费市场年关备货已开始，叠加低蒜价，出口加工量会进一步放大，预计 2017 年大蒜出口总量有望创下历史新高。

中国产大蒜在印度尼西亚被扣押

2018 年 3 月 20 日　来源：第一食品网

印度尼西亚已扣押了从中国进口的 200 吨大蒜，该国农业部称，这批大蒜在 2 月中旬从中国进口，抵达雅加达港口后再运往苏门答腊岛。

农业部进一步表示，尽管中国已证明没有害虫，但该批货物的样品中含有鳞球茎线虫，一种感染洋葱和大蒜的微小蠕虫，内布拉斯加大学林肯分校线虫学部门认为这种“最具破坏性的植物寄生线虫之一”。

在 3 月 12 日的一份声明中说，当我们试图实现自给自足的时候，这可能对我们的大蒜种植造成很大的损害。

中国大蒜出口机遇和挑战并存

2017 年 10 月 20 日　来源：金乡大蒜辣椒国际交易市场出口

“去年，全国范围内的扩种以及全年稳定的气候状况，导致今年的大蒜产量增加了 30%左右。从年初开始，供给量的增加就直接导致了大蒜市价的骤降，国内采购商以及小型进口商纷纷以低价批量化地购入大蒜。随着国外市场上的大蒜库存量的大幅增加，后期销售变得愈加不容乐观。” Annie Chen 女士说道。

“在出口市场方面，当前的出口价格远远低于去年同期，这也为中国大蒜在海外市场上赢得了更明显的价格优势，出口量较去年有所增加。尽管，与 2016 年大蒜销售火爆的情况相比，今年大蒜的销售市场表现并不尽如人意，但在我看来，蒜农因此而减少种植面积的可能性并不大。这主要是由于，首先，今年大蒜主产区遭遇了近几年来少有的多雨天气，种植进程受阻，新的产季有可能会推迟到来，延长种植时间。其次，今年蒜种便宜，种植成本较去年偏低。再次，即使大蒜价格降低了，种植收益还是比种小麦等作物的收益要高。”

山东蒜都农产品物流园已成为国内外最大的大蒜、辣椒交易集散中心、价格形成中心、信息发布中心、物流配送中心、电子商务中心。必将更好地带动大蒜、辣椒的产业化发展，提升“金乡大蒜”“金乡辣椒”品牌形象，使大蒜、辣椒贸易真正走上高价值竞争、高效率流通的国际化道路。未来，在稳步发展现有客户业务的同时，我们希望能够与信誉好的新采购商携手共进，将金乡大蒜带给更多的海外消费者。”

海尔在金乡建大蒜种植基地

2018 年 3 月 23 日　来源:《掌上金乡》

目前，海尔集团已从传统制造家电产品的企业转型为面向全社会孵化创客的平台。海尔数字科技（上海）有限公司自主创新的工业物联网云平台——COSMOPlat，在当今的智慧智能时代引领世界，得到广泛认可。近年来，海尔集团积极实施互联网战略，围绕“无边界生态农业共享平台”打造，持续加大农业领域资金投入力度，运用先进信息技术，贯通从生产基地、加工和包装、净菜加工，物流配送和订单管理等全流程平台体系，真正实现了消费者与海尔智慧管理平台无缝对接。

这次合作，不仅巩固了金乡县大蒜的霸主地位，也是咱金乡实施“网络经济兴县”战略、推进“互联网 + 农业”的又一丰硕成果。

今天这场合作会议，规模大、档次高、意义深，建立海尔 COSMOPlat 金乡智慧农业示范园（优质大蒜种植基地），选取环境优异，交通便利的地块，建立优质大蒜种植基地。引进海尔 COSMOPlat 在物联网、大数据、人工智能的核心技术，创立海尔互联农业工厂模式，制定和实施严格的优质大蒜种植标准。引入现代农业物联网技术，实施对大蒜生长及环境管理的检测和监测；建立大蒜种植全过程的标准化、信息化、智能化的管理体制和机制系统，确保产品绿色环保、品质优良。通过海尔 COSMOPlat 金乡智慧农业示范基地的样板示范作用，引领整个产业转型升级。

建立海尔 COSMOPlat 金乡大蒜及制品品牌认证体系，维护海尔 COSMOPlat 金乡大蒜品牌的严肃性和完整性。

建立海尔 COSMOPlat 金乡大蒜全流程物联网追溯平台，利用 RFID 技术，实施金乡大蒜采收、分拣、入库、加工、包装、转储等物流环节及二次加工等各环节的全流程可视化追溯，实现大蒜种植、管理、收获、仓储、物流的标准化、智能化管理、仓储智能节能与安全管理、生产加工的智能化管理、物流配送的全程智能化跟踪管理、产品全程溯源管理等体系保障；确保品牌食材从蒜田至餐桌的全流程、透明化安全化供应。

建立海尔 COSMOPlat 金乡大蒜诚信体系，共同维护金乡大蒜品牌和海尔知名品牌的信誉，发挥品牌的叠加效应，提升品牌价值，使金乡大蒜地理性标志和海尔知名品牌在合作中双方共同受益。在条件成熟的情况下，建立海尔 COSMOPlat 大蒜大数据平台。

炒房不如炒蒜？“蒜你狠”威风不再　价格暴跌九成

2018 年 4 月 30 日　来源：央视财经

曾经有人说，炒蒜如炒房。在“蒜你狠”行情推动下，许多投资者一夜暴富，甚至有的大户炒家的资金过亿元。然而最近，“蒜你狠”似乎威风不再。去年还卖到 10.6 元/斤的大蒜，今年却暴跌至 1.33 元/斤。在云南丽江的永胜县，虽然眼下正是大蒜大量上市的时节，但由于今年的大蒜价格出现大跌，导致当地的大蒜严重滞销。按照目前的收购价格，蒜农每挖一亩大蒜，就要亏损 1000 多元钱。

云南永胜：大蒜价格暴跌滞销严重

眼下正是大蒜大量上市的时节，然而在云南丽江的永胜县，由于今年的大蒜价格出现大跌，导致当地的大蒜严重滞销。不过好在，当地政府已经采取了一系列推广措施来帮助蒜农减少损失。

期纳镇是云南永胜县大蒜主产地之一，今年一共种植 6000 多亩。在满官村一片百亩蒜地里记者看到，大蒜采挖出来直接放在地里。

云南永胜县期纳镇满官村委会蒜农姜荣菊：去年的价格好，今年我就给它增加了两亩，今年的价格就垮，只卖到 1 块钱一公斤，去年的价格是 7 块钱一公斤，我们是太亏了。

按照目前的收购价格，蒜农每挖一亩大蒜，就要亏损 1000 多元钱。不久就要进行春季生产，大蒜不仅占着土地，还将影响下一步的大春栽种。

云南永胜县期纳镇党委书记张春勇：期纳镇仍有 1000 多吨在蒜农手中销售不出去。

据了解，大蒜产业是永胜县冬季农业开发的主要产业之一，2017 年种植面积在 8430 亩以上，总产量在 17000 吨左右。

此外，云南大理，怒江等地也出现了大蒜滞销的情况。

金乡大蒜：去年一斤超 10 元今年跌到 1 元多

自 2016 年底至 2017 年 5 月，全国范围内的大蒜价格持续高企。金乡大蒜国际交易市场 2017 年 4 月 23 日 10.6 元/斤的大蒜库内价格更是创下了近 10 年来的新高。然而持续高企近一年之久的蒜价，于 2017 年 6 月因新蒜的相继入市而宣告结束，并以惊人的速度直线下降。28 号，金乡大蒜库内价格仅为 1.33 元/斤。

大蒜“跌停”不能全怪蒜农跟风

2018 年 4 月 27 日　来源：东北新闻网

一颗小小的大蒜里面饱含着市场法则，当大蒜产量严重超过市场需要时，就是再好的蒜也可能跌价导致滞销；当市场需求量不足、大蒜总产量不高的年份，大蒜价格陡升，

“萝卜快了不洗泥”，甚至出现“蒜你狠”的凶猛势头。

大蒜“跟错风”，蒜农傻了眼。据调查发现，往年品质较好的期纳大蒜远销到泰国、越南等国家。价格好的时侯，每千克曾经卖到36元，就是去年也没低于每千克5元。“蒜你狠”让种植户有了跟风的心动。而今年大蒜发展起来了，质量也不错，就是数量多了，比如今年云南永胜县大蒜产业种植面积在8430亩以上，总产量按亩产2000千克计算，大概在1686万千克左右，一个县产量如此大，一个省乃至整个产业的大蒜产量就可想而知了。而产量大，销路有限，价格自然低迷。

“蒜贱”的确伤农。从往年最低价一斤2.5元，到今年每斤四毛左右，而且还要除去15%的杂质，种一亩大蒜的收入，减去蒜种钱、化肥钱、水电费、人工费等支出，不仅不赚钱，而且还将亏损600元左右。贱卖亏损，不卖损失更大，因此造成了大蒜滞销和挤压现象，让蒜农欲哭无泪。

“蒜贱伤农”，事出有因。大蒜价格如此低廉，甚至大量积压，其实也是有原因的，一方面看，是蒜农盲目跟风、信息不对称的结果；另一方面来看，农业部门在产业预测预报、农业大数据利用方面、农业产业发展指导方面存在重大缺陷。是两个方面原因同时发威，造成“蒜贱伤农”的局面。同时，造成“蒜贱伤农”局面，不全是因为农户盲目跟风惹的祸，政府相关部门的现代化服务能力还应跟上。

“亡羊补牢，犹未迟也。”可喜的是，一些地方党委政府积极作为、及时补台，通过多方努力引来经销商，召开现场推介会、网络销售、寻找市场等措施，在蒜农与蒜商之间搭建交易平台，促进小生产与大市场有效对接，拓宽销售渠道，增加销量、提高蒜价，减少蒜农损失，尽最大努力解除蒜农的后顾之忧。

“塞翁失马焉知非福”，或许大蒜只是市场经济条件下的一种商品，且价格起伏波动较大，造成伤农的不利局面。其实，这又是一个契机，它倒逼相关部门运用好现代信息技术手段，指导各类农业产业发展，最大减少群众盲目跟风行为，控制产量、避免产品过剩、抑制畸高畸低价格。同时，也提醒地方政府部门和干部要积极想办法，帮助农民找市场找销路，最大程度减少产业群众经济损失。通过部门和干部努力，推动农业各产业朝着良性方向有序发展。

蒜薹招谁惹谁了？

2018年5月4日　来源：《中国蔬菜》

在刚刚过去的“五一”假期，对于老家在江苏邳州市八义集的高先生来说，既没有诗也没有远方，他家的几亩杂交蒜，正该提（di，第二声，方言）蒜薹，但因为价低无人收购，高先生家的几百斤蒜薹都是就地掩埋了。

杂交蒜薹邳州产地毛把钱一斤

这几天，网上流传一段把刚从地里采摘好的新鲜蒜薹往河里扔的视频，这段视频的出处不详，视频中的口音像是徐州附近的，视频流传引起邳州杂交蒜产区蒜农的共鸣：今年蒜薹价太低，毛把钱一斤还卖不出去，很多蒜农辛辛苦苦提出来的鲜蒜薹只能直接就扔。

邳州市八路镇的徐先生说，当地的鲜蒜薹只卖0.15元/斤，1元钱能买6斤多，凉调了吃，炒了吃，再便宜也不能顿顿吃蒜薹，很多蒜农的蒜薹卖不出去就只好扔掉了。

邳州高先生家收的蒜薹卖不出去只有就地埋了。

在徐州工作的高先生，老家在邳州市八义集镇，家里种了几亩蒜。“五一”假期，正好回家帮家里给这几亩蒜地提蒜薹。“这时候是蒜农最忙的时候，要保蒜头丰收就必须把蒜薹提出来，否则会影响到蒜头的生长。”高先生说，“回家干了3天，提了好几百斤蒜薹，嫩点的能卖0.10元/斤，老的根本没人要，只好直接就地埋了。”

据了解，随着农时到来，鲜蒜薹集中上市，邳州杂交蒜薹的价格直接跳水。本来，以蒜头为主产品的杂交蒜，每年在春夏之交，副产品蒜薹还可以为蒜农的劳动带来一部分收入，今年指望着蒜薹这个副产品的收入补贴拉低种蒜成本的想法已成泡影。对于邳州蒜农来说，还有20天即将迎来蒜头的丰收，最关心的还是今年蒜头的价格。

“蒜薹的价格可以说与蒜头的价格正相关，每年，蒜农都是依据蒜薹价格的走向来判断蒜头的价格走向，虽然不能等同，但毕竟蒜薹的价格能在一定程度上反映出大蒜的种植面积。”徐先生说。

“今年大蒜的价格差不多也就块把钱一斤了，看来今年种蒜要倒贴成本了。”高先生已提前为家里的双亲担忧。

薹蒜蒜薹丰县产地0.5~0.75元/斤

丰县每年种植专产蒜薹的薹蒜20多万亩，主要分布在范楼、梁寨、华山等镇，每年蒜薹产量16万吨左右，是全国薹蒜主产区之一，也是全国蒜薹价格的集成中心。

每年3月底，丰县蒜薹开始陆续成熟采摘，收购商直接在田间地头设点进行收购，今年的收购价格同比降幅明显。据丰县物价局价格监测数据显示，今年蒜薹刚下来不久的4月1日，收购价只有1.6~1.7元/斤，比去年同期下降4元左右，降幅71.43%。

至5月1日，丰县蒜薹价格还能维持在0.80元/斤，但到了5月2日，记者从丰县各镇了解到的收购价，就降到了0.80元以下，根据蒜薹种植面积是否集中、蒜薹品种等因素，当地的收购价为0.50~0.75元/斤。

蒜农收益将大幅减少

丰县梁寨镇赵楼村蒜农陈世金算了笔账，他家今年种植薹蒜4亩多，产量、品质和去年基本持平，亩产预计可达到2600斤左右。

今年采摘蒜薹的人工费每人160元/天左右（另外还要负责早饭、中饭），人工费用比去年减少20元左右，每天采摘蒜薹在200斤左右。由于蒜薹收购价相对低，如果雇用工人也是不小的开支；种植大蒜亩数少的基本上是自采，种植大户雇用工人的较多。

从4月初的蒜薹收购价格综合测算，陈世金今年每亩蒜薹收益3500元左右，比去年同期下降4700元左右，收益减幅将大大超过50%。

虽然离蒜头成熟还有20天左右，但邳州蒜农对今年的蒜价已经不抱乐观希望，正如高先生所担忧的那样，“今年种蒜，可能会亏本”。

据丰县物价局的调研分析，造成今年蒜薹价格下降的主要原因有：蒜薹种植面积大、集中上市等，造成市场供大于求，是导致收购价格下降的主要原因。另外，春季较多地产蔬菜上市，也会对鲜蒜薹的价格造成冲击。

多地蒜薹陷入卖难

蒜薹卖难、价低的情况不仅仅出现在江苏，河南安阳、山东德州齐河县、山东菏泽巨野县、成武县等大蒜种植集中区也陷入了同样的窘境。

在山东省德州市齐河县徐楼村，这里几乎家家户户种蒜薹，多的四五十亩，少的也有几亩地。村民徐传清今年种了30亩地的蒜薹，这几天蒜薹集中收获：“每斤只能卖7毛钱。我雇了20个人帮忙提蒜薹，收的价格是一斤7毛，每人拔一斤也是7毛钱，这还不加肥料钱。算来算去，怎么也赔钱。”

在徐楼村即使是七毛钱一斤的价格，来收购蒜薹的客商还是比去年少了不少。很多村民干脆把蒜薹直接扔在了地里。

徐传清说，去年蒜薹也出现了滞销，但是大蒜价格还不差，平均下来一年赚了8万多元。为此，很多村民又扩大了种植面积。现在这个季节，如果不收蒜薹的话，会影响大蒜的生长。所以赔钱，也得把蒜薹抓紧收完。

山东菏泽成武县张楼镇陈小庙村蒜农陈振海面对记者也是一脸无奈：“今年家里种了7亩大蒜，昨天雇人开始提蒜薹，没想到最后一核算，一天下来，提了2000斤的蒜薹，却倒赔1200元钱，你说这地还能种么。”

陈振海介绍，不算种蒜其他所需费用，仅提蒜薹这一项，就让蒜农赔得苦不堪言。“提蒜薹每斤要花费1元到1.2元左右人工费，而蒜薹的销售价高的能卖到每斤0.6元，低点的能卖到每斤0.4元，品相稍差的甚至只能卖到每斤0.2元以下。”陈振海说：“如果自己提蒜薹，收获期内根本提不完，势必会影响蒜头的生长和品质，到时候赔得更多，这就逼迫自己必须往里面不断砸钱、赔钱。”

“纵观前几年，大蒜种植可以说是，一旦赚钱就能达到‘一夜暴富’的行业，趋利心态下，即使大蒜总体行情处于低谷状态，仍有不少蒜农会心怀侥幸心理，想着去年大家都赔了大钱，今年肯定种植少了，价格也会水涨船高，得坚持种下去’等此类想法。然而，现实往往是残酷的，今年的情况就可见一斑。”一位蒜商这样告诉记者。

高昂的雇人成本、低廉的售价、艰辛的劳作、惶恐不安的未来蒜头价格，无疑又为今年“蒜经济”蒙上了一层跌宕起伏的外衣。

五、2015~2017年各试验站示范县大蒜产业发展状况

2017年中国大蒜试验站示范县种植面积前二十名

单位：万亩

排序	综合实验站	地区	2015年	2016年	2017年
1	济宁	山东金乡县	52.30	57.20	61.60
2	郑州	河南中牟县	24.70	28.30	33.30
3	济宁	山东兰陵县	30.00	32.00	33.00
4	济宁	山东巨野县	30.00	32.00	32.00
5	成都	四川彭州市	17.00	17.20	17.50
6	莱芜	山东莱城县	18.00	14.80	16.00
7	郑州	河南祥符县	9.08	13.88	14.60
8	德州	山东齐河县	9.00	9.20	9.20
9	济宁	山东嘉祥县	7.95	8.30	7.90
10	大理	云南弥渡县	–	6.90	6.98
11	大理	云南洱源县	–	5.80	5.50
12	大理	云南宾川县	–	4.12	5.06
13	兰州	甘肃民乐县	5.00	5.00	5.00
14	兰州	甘肃成县	3.80	3.60	3.50
15	合肥	安徽舒城县	2.48	2.54	2.60
16	大理	云南鹤庆县	–	2.74	2.59
17	哈尔滨	黑龙江牡丹江市	1.55	2.23	2.23
18	长春	吉林农安县	2.00	2.00	2.00
19	遵义	贵州石阡县	0.90	1.20	2.00
20	莱芜	山东沂南县	1.40	1.50	1.80

2017年中国大蒜试验站示范县总产量前二十名

单位：万吨

排序	综合实验站	地区	2015年	2016年	2017年
1	济宁	山东金乡县	53.35	42.67	63.94
2	郑州	河南中牟县	27.60	32.80	42.10
3	济宁	山东兰陵县	28.00	30.00	29.00
4	莱芜	山东莱城县	29.60	20.80	27.70
5	郑州	河南祥符县	12.12	18.04	20.44
6	德州	山东齐河县	18.00	18.40	18.40

续表

排序	综合实验站	地区	2015 年	2016 年	2017 年
7	成都	四川彭州市	17.00	17.20	17.50
8	大理	云南弥渡县	-	13.52	14.31
9	济宁	山东嘉祥县	9.54	9.96	9.88
10	大理	云南洱源县	—	6.33	9.30
11	大理	云南宾川县	—	7.50	8.39
12	兰州	甘肃民乐县	5.79	5.81	7.50
13	哈尔滨	黑龙江牡丹江市	4.30	6.60	6.60
14	大理	云南鹤庆县	—	5.27	5.51
15	兰州	甘肃成县	5.13	4.86	4.73
16	武汉	湖北孝南县	3.32	3.37	3.38
17	济宁	山东巨野县	2.70	2.88	2.88
18	兰州	甘肃临洮县	3.30	3.00	2.70
19	莱芜	山东沂南县	1.80	2.00	2.20
20	合肥	安徽肥东县	2.20	2.20	2.20

2015 －2017 年国家特色蔬菜产业体系大蒜试验站示范县播种面积和总产量

单位：万亩，万吨

试验站	地区	2015 年		2016 年		2017 年	
		播种面积	总产量	播种面积	总产量	播种面积	总产量
哈尔滨	黑龙江牡丹江市	1.55	4.30	2.23	6.60	2.23	6.60
	黑龙江哈尔滨市双城区	0.20	0.15	0.25	0.20	0.60	0.45
	黑龙江肇东市	0.20	0.17	0.22	0.18	0.35	0.21
石家庄	河北定州市	0.50	0.80	0.50	0.80	0.50	0.80
	河北永年县	13.54	18.28	8.92	11.64	1.05	1.42
唐山	河北丰南县	0.10	0.20	0.10	0.20	0.20	0.40
	河北抚宁县	0.34	1.03	0.33	1.01	—	—
长春	吉林靖宇县	0.18	0.14	0.20	0.15	0.25	0.20
	吉林龙井市	0.09	0.28	0.09	0.24	0.08	0.20
	吉林农安县	2.00	1.70	2.00	1.70	2.00	1.70
包头	内蒙古东河县	0.02	0.05	0.04	0.05	0.05	0.06
	内蒙古巴彦淖尔市临河区	0.22	0.33	0.31	0.46	0.52	0.78
兰州	甘肃成县	3.80	5.13	3.60	4.86	3.50	4.73
	甘肃临洮县	1.50	3.30	1.50	3.00	1.50	2.70
	甘肃民乐县	5.00	5.79	5.00	5.81	5.00	7.50
乌鲁木齐	新疆吉木萨尔县	0.15	—	0.23	—	0.25	—
	新疆疏附县	0.07	—	0.05	—	0.06	—

续表

试验站	地区	2015年		2016年		2017年	
		播种面积	总产量	播种面积	总产量	播种面积	总产量
德州	山东齐河县	9.00	18.00	9.20	18.40	9.20	18.40
	山东禹城县	0.72	1.08	0.85	1.28	1.00	1.60
济宁	山东嘉祥县	7.95	9.54	8.30	9.96	7.90	9.88
	山东金乡县	52.30	53.35	57.20	42.67	61.60	63.94
	山东巨野县	30.00	2.70	32.00	2.88	32.00	2.88
	山东兰陵县	30.00	28.00	32.00	30.00	33.00	29.00
莱芜	山东莱城县	18.00	29.60	14.80	20.80	16.00	27.70
	山东沂南县	1.40	1.80	1.50	2.00	1.80	2.20
郑州	河南内黄县	2.00	2.00	—	—	—	—
	河南西华县	0.90	1.80	—	1.80	—	1.80
	河南祥符县	9.08	12.12	13.88	18.04	14.60	20.44
	河南中牟县	24.70	27.60	28.30	32.80	33.30	42.10
合肥	安徽肥东县	1.00	2.20	1.00	2.20	1.00	2.20
	安徽池州市贵池区	0.50	0.50	0.50	0.50	0.50	0.50
	安徽舒城县	2.48	0.90	2.54	1.02	2.60	1.04
	安徽铜陵县	0.40	0.82	0.50	1.02	0.50	1.02
南昌	江西南昌县	0.43	0.31	0.45	0.32	0.48	0.34
	江西信丰县	0.70	0.25	0.75	0.26	0.80	0.28
	江西永丰县	1.50	2.00	1.50	2.00	1.50	2.00
十堰	湖北谷城县	0.60	2.00	0.50	1.80	0.60	2.00
	湖北襄州县	0.27	0.74	0.89	1.34	0.85	1.28
	湖北郧阳县	0.71	0.60	0.71	0.60	0.75	0.64
	湖北竹山县	0.30	0.30	0.30	0.30	0.25	0.25
武汉	湖北五峰县	0.10	0.20	0.10	0.20	0.10	0.20
	湖北孝南县	1.23	3.32	1.26	3.37	1.29	3.38
湘西	湖南永顺县	0.50	0.32	0.48	0.30	0.52	0.33
成都	四川犍为县	0.20	0.50	0.40	1.00	0.40	1.00
	四川简阳市	0.40	0.44	0.38	0.42	0.50	0.55
	四川彭州市	17.00	17.00	17.20	17.20	17.50	17.50
大理	云南宾川县	—	—	4.12	7.50	5.06	8.39
	云南洱源县	—	—	5.80	6.33	5.50	9.30
	云南鹤庆县	—	—	2.74	5.27	2.59	5.51
	云南弥渡县	—	—	6.90	13.52	6.98	14.31
	云南祥云县	—	—	1.20	1.55	0.77	1.09

续表

试验站	地区	2015 年		2016 年		2017 年	
		播种面积	总产量	播种面积	总产量	播种面积	总产量
渝东南	重庆丰都县	—	—	—	—	1.44	1.43
	重庆涪陵县	0.21	0.25	0.20	0.27	0.22	0.30
	重庆合川区	0.17	0.24	0.17	0.23	0.17	0.19
遵义	贵州石阡县	0.90	1.72	1.20	1.47	2.00	1.50
	贵州绥阳县	0.10	0.05	0.21	0.11	0.30	1.50

六、中国黑蒜和鲜蒜品牌排行榜

中国黑蒜十大品牌排行榜

排序	品牌	所属公司	所属地区
1	姜老大	山东省万兴食品有限公司	山东省莱芜市
2	清道本草	良运集团景县生物工程有限公司	辽宁省大连市
3	原生绿	浙江黑金生物科技有限公司	浙江省绍兴市
4	大海边	青岛大海边食品有限公司	山东省青岛市
5	好蒜道	徐州黎明食品有限公司	江苏省徐州市
6	宏万年	山东宏大食品科技有限公司	山东省济宁市
7	爱立特	江苏东方黎明国际贸易有限公司	江苏省徐州市
8	铁饭碗	青岛铁饭碗商贸有限公司	山东省青岛市
9	六必居	北京六必居食品有限公司	北京市
10	淳康	徐州淳康食品有限公司	江苏省徐州市

排名依据：国家特色蔬菜产业技术体系产业经济研究室根据黑蒜产品在同行业中的影响力与知名度、品牌网络平台店铺数量和实地调研整理所得。

中国鲜蒜十大品牌排行榜

排序	品牌	所属公司	所属地区
1	姜老大	山东省万兴食品有限公司	山东省莱芜市
2	佳虹	大理佳虹食品	云南昆明
3	抢鲜	寿光欣欣然园艺有限公司	山东省潍坊市
4	好蒜道	徐州黎明食品有限公司	江苏省徐州市
5	六必居	北京六必居食品有限公司	北京市
6	天源酱园	北京六必居食品有限公司	北京市
7	清道本草	良运集团景县生物工程有限公司	辽宁省大连市
8	宏万年	山东宏大食品科技有限公司	山东省济宁市
9	淳康	徐州淳康食品有限公司	江苏省徐州市
10	大海边	青岛大海边食品有限公司	山东省青岛市

排名依据：国家特色蔬菜产业技术体系产业经济研究室根据鲜蒜产品在同行业中的影响力与知名度、品牌网络平台店铺数量和实地调研整理所得。